世界武器鉴赏系列

航空母舰

鉴赏指南 （珍藏版）

（第2版）

《深度军事》编委会 编著

U0299260

清华大学出版社

北京

内 容 简 介

本书精心选取了世界各国自一战以来建造的数十款航空母舰，包括大型航空母舰、中型航空母舰、轻型航空母舰、护航航空母舰等多个类别，着重介绍了每种航空母舰的研发历史、舰体构造、自卫武器、电子设备和识别特征等内容，并配有准确的参数表。

本书内容翔实，结构严谨，分析讲解透彻，图片精美丰富，适合广大军事爱好者阅读和收藏，也可以作为青少年的科普读物。

图书在版编目(CIP)数据

航空母舰鉴赏指南（珍藏版）/《深度军事》编委会编著. —2版.—北京：清华大学出版社，2018（2024.7 重印）

（世界武器鉴赏系列）

ISBN 978-7-302-50961-5

Ⅰ. ①航⋯ Ⅱ. ①深⋯ Ⅲ. ①航空母舰—世界—指南 Ⅳ. ①E925.671-62

中国版本图书馆CIP数据核字(2018)第190321号

责任编辑：李玉萍
封面设计：郑国强
责任校对：张术强
责任印制：杨 艳
出版发行：清华大学出版社
       网 址：https://www.tup.com.cn, https://www.wqxuetang.com
       地 址：北京清华大学学研大厦A座   邮 编：100084
       社 总 机：010-83470000   邮 购：010-62786544
       投稿与读者服务：010-62776969, c-service@tup.tsinghua.edu.cn
       质量反馈：010-62772015, zhiliang@tup.tsinghua.edu.cn
印 装 者：北京联兴盛业印刷股份有限公司
经 销：全国新华书店
开 本：146mm×210mm   印 张：9.875
版 次：2015年5月第1版 2018年9月第2版   印 次：2024年7月第9次印刷
定 价：49.80元

产品编号：076676-01

丛书序
FOREWORD

国无防不立，民无防不安。一个国家、一个民族，最重要的两件大事就是发展和安全。国防是人类社会发展与安全需要的产物，是关系到国家和民族生死存亡的根本大计。军事图书作为学习军事知识、了解世界各国军事实力的绝佳途径，对提高国民的国防观念，加强青少年的军事素养有着重要意义。

与其他军事强国相比，我国的军事图书在写作和制作水平上还存在许多不足。以全球权威军事刊物《简氏防务周刊》（英国）为例，其信息分析在西方媒体和政府中一直被视为权威，其数据库被各国政府和情报机构广泛购买。而由于种种原因，我国的军事图书在专业性、全面性和影响力等方面还有明显不足。

为了给军事爱好者提供一套全面而专业的武器参考资料，并为广大青少年提供一套有趣、易懂的军事入门级读物，我们精心推出了"世界武器鉴赏系列"丛书，其内容涵盖现代飞机、现代战机、早期战机、现代舰船、单兵武器、特战装备、世界名枪、世界手枪、美国海军武器、二战尖端武器、坦克与装甲车等。

本系列丛书由国内资深军事研究团队编写，力求内容的全面性、专业性和趣味性。我们在吸收国外同类图书优点的同时，还加入了一些独特的表现手法，努力做到化繁为简、图文并茂，以符合国内读者的阅读习惯。

本系列丛书内容丰富、结构合理，在带领读者熟悉武器历史的同时，还提纲挈领地介绍各种武器的作战性能。在武器的相关参数上，我们参考了武器制造商官方网站的公开数据，以及国外的权威军事文档，力图做到有理有据。每本图书都有大量的精美图片，配合别出心裁的排版，具有较高的观赏性和收藏价值。

前言
PREFACE

　　航空母舰是以舰载机为主要武器的大型军舰，依靠航空母舰，一个国家可以在远离其国土的地方，不依赖当地的机场对他国施加军事压力和进行作战行动。早在一战时期，航空母舰就已经开始萌芽，它的诞生标志着世界海上力量发生了从制海到制空、空海相结合的一次革命性变化。在二战中，美国和英国大量建造的航空母舰为盟军取得战争的胜利做出了重要贡献。

　　二战结束后，航空母舰正式取代战列舰的地位，成为"海上霸主"。随着科学技术的迅猛发展，航空母舰不但从常规动力发展到了核动力，而且排水量也由数万吨增加到十万吨。时至今日，航空母舰已是现代海军不可或缺的武器，也是海战中最重要的舰艇之一。

　　一个国家综合实力的强弱，在很大程度上可以通过航空母舰体现出来。如果一个国家的综合实力不强，就不太可能拥有航空母舰。随着综合国力的提高，特别是技术和造船工业能力的提高，才能够使一个国家有能力发展和建造航空母舰。有了航空母舰以后，国家的海上力量将出现立体化、体系化、综合化和信息化的提升，并将海上活动能力从近海推向中远海。

　　本书精心选取了世界各国自一战以来建造的数十款航空母舰，包括大型航空母舰、中型航空母舰、轻型航空母舰、护航航空母舰等多个类别，着重介绍了每种航空母舰的研发历史、舰体构造、自卫武器、电子设备和识别特征等内容，并配有准确的参数表。通过阅读本书，读者可以全面了解各国航空母舰的发展脉络。

本书紧扣军事专业知识，不仅带领读者熟悉航空母舰构造，而且可以了解航空母舰的作战性能，特别适合作为广大军事爱好者的参考资料和青少年朋友的入门军事读物。全书共分为6章，涉及内容全面合理，并配有丰富而精美的图片。

本书是真正面向军事爱好者的基础图书。全书由资深军事研究团队编写，力求内容的全面性、趣味性和观赏性。全书内容丰富、结构合理，关于航空母舰的相关参数还参考了制造商官方网站的公开数据，以及国外的权威军事文档。

本书由《深度军事》编委会创作，参与本书编写的人员有阳晓瑜、陈利华、高丽秋、龚川、何海涛、贺强、胡姝婷、黄启华、黎安芝、黎琪、黎绍文、卢刚、罗于华等。对于广大资深军事爱好者，以及有兴趣了解并掌握国防军事知识的青少年，本书不失为很有价值的科普读物。希望读者朋友们能够通过阅读本书循序渐进地提高自己的军事素养。

本书赠送的图片及其他资源均以二维码形式提供，读者可以使用手机扫描下面的二维码下载并观看。

目 录
CONTENTS

Chapter 1
航空母舰漫谈

　　航空母舰是以舰载机为主要武器的大型水面舰艇，通常拥有巨大的飞行甲板和舰岛。航空母舰是世界上最庞大、最复杂、威力最强的武器之一，是一个国家综合国力的象征。

航空母舰的发展历程

　　航空母舰是飞机与军舰相结合的产物，而航空母舰的历史与飞机的历史一样悠久。在美国莱特兄弟于1903年发明飞机后的短短7年时间，法国人亨利·法布尔（Henri Fabre）就制造出了世界上第一种水上飞机，令飞机的起降范围从陆地延伸至海上。1910年11月14日，美国飞行员尤金·伊利在停泊于在港内的"伯明翰"号轻型巡洋舰的木质甲板上驾驶寇蒂斯D型（Curtiss Model D）双翼机，成功离舰起飞，并降落到"宾夕法尼亚"号巡洋舰上，创下人类首次在军舰上起降飞机的纪录。

亨利·法布尔制造的水上飞机

　　当时，一些颇有远见的人士开始以各种方式促使军方建立海军航空兵，美国人格伦·寇蒂斯（Glenn Curtiss）甚至进行了一场公开试验，亲自驾驶飞机投掷武器攻击港内停泊的靶船。然而，当时各国海军仍在进行建造"无畏舰"的军备竞赛，建设海军航空兵仍算是非常前卫的思想，所以并没有得到重视。

正在驾驶飞机的格伦·寇蒂斯

虽然如此，但水上飞机的发明仍然受到各国海军的瞩目，英国建造了第一种专门整备水上飞机的舰船——"竞技神"号水上飞机母舰，并在1912年5月成立了世界上第一支海军航空兵，日本、意大利、德国、俄国也随之跟进发展水上飞机母舰。水上飞机为航空母舰的滥觞，在其诞生后不久，一战便轰然爆发，英国

英国建造的"竞技神"号水上飞机母舰

是唯一将其使用于海上作战的国家，并在传统大规模战列舰决战的日德兰海战后，提出水上侦察机有助于战局发展的意见，并要搭配保护它的战斗机。因此，没有飞行甲板、无法供战斗机起飞的水上飞机母舰已无法满足作战需求，必须重新设计另一种新军舰，这便是后来的航空母舰。

1917年，时任英国海军总司令戴维·贝蒂下令将"暴怒"号巡洋舰（"勇敢"级）加装大型飞行甲板，改装成航空母舰，并做了一系列的试验。"暴怒"号的外形犹如巡洋舰与航空母舰的结合体（类似原始的航空巡洋舰），前方有多座舰炮炮塔，后方则是长直的甲板，舰载机起飞没有问题，但降落时会受到上层建筑气流影响而十分危险。为了解决这个问题，原先另一艘要建造为航空母舰的远洋邮轮"罗索伯爵"号被下令改装去除掉所有上层建筑，变成全通式甲板，而后被命名为"百眼巨人"号。

1923年，英国建造了"竞技神"号航空母舰，它是英国第一艘专门设计建造的航空母舰，拥有许多现代航空母舰的特点：全通式甲板、封闭式舰首以及位于右舷的岛式上层建筑。在此时期，日本和美国也拥有了航空母舰，日本的第一艘航空母舰——"凤翔"号，是世界上最先服役的专门设计并建造的航空母舰（因"竞技神"号的工程进度缓慢，导致较晚开工建造的"凤翔"号较早下水）；美国的第一艘航空母舰则是由"朱比特"号运煤船改装而成，被命名为"兰利"号，同样拥有全通式甲板。美国海军在"兰利"号上发展了许多新技术，如弹射器、降落指挥官制度、拦阻网等。

各国摸索出了航空母舰的基本形式后，于1936年《华盛顿海军条约》期满失效之际，海军列强又展开了新一轮军备竞赛，英国、美国、日本三国接连建造了一系列的主力航空母舰——舰队航空母舰。在舰载机技术上，日本与美国发展较快，而英国因为军种恶性竞争（海军航空兵的飞机与飞行员皆由英国空军所提供）而发展迟缓。意大利、苏联受限于海军思想的不同而没有发展航空母舰，意大利凭借其地中海位置的优势而认为没有必要特意建造海上的移动机场，苏联则因为其内战结束不久、海军力量不强而将其作战范围设限于近海。法国因海军航空兵发展迟缓，仍以战列舰和巡洋舰为海军主力，仅尝试将"贝阿恩"号战列舰改装为航空母舰。

二战以前，航空母舰的海上霸主地位尚未完全确立，对航空母舰的作战运用也存在较大争议，加之受到舰艇性能和通信技术的限制，没有出现较为成形的航空母舰战斗群。二战时期，航空母舰技术与战术理论飞速发展，为了有效保护航空母舰自身安全，充分发挥航空母舰的作战效能，世界主要海军强国均组建了自己的航空母舰战斗群，并广泛运用在作战中，其中美国、英国和日本三国的运用范围最广。

欧洲战场上，英美两国在战争中期建造了大量成本低廉的"护航航空母舰"以及"商船航空母舰"，这些航空母舰搭载了少量飞机便可威胁德军潜艇，最终令盟军于大西洋的潜艇战中获得了胜利。与欧洲战场相比，地球另一边的太平洋战场爆发了更为激烈的海空大战，交手的美国与日本都拥有强大的航空母舰舰队。1942年5月，发生了首次航空母舰间的战争——珊瑚海海战，双方的舰船皆在彼此舰员视距外，全凭舰载机进行攻击与防御。同年6月，中途岛海战爆发，这是航空母舰战斗群之间首次进行大规模会战，由于日本航空母舰当时正在进行弹药挂载作业，同时损害管制能力不足，因此大部分参战的日本航空母舰都被美军轰炸机击沉。此后，日本在太平洋发动攻势的能力大大减弱。

美国在二战期间建造的"列克星敦"级航空母舰

美国在二战期间建造的"埃塞克斯"级航空母舰

二战结束后，航空母舰的存在价值遭到质疑，其地位一度降到了最低点。当时，美国拥有世界上规模最大的航空母舰部队，相关科技与使用经验也最为丰富。然而，轴心国战败与核武器的出现促使美国将大量航空母舰封存，其中不乏新造航空母舰。美国及其他一些国家认为，战争将决胜于空军轰炸机投掷的核武器，大量成本所建立的航空母舰部队将会瞬间被消灭。

除了核武器外，喷气式飞机开始普及，令舰载机体积与重量大幅增加，因此美国开始着手设计巨型航空母舰，成为日后"超级航空母舰"的前身。美国海军计划运用巨型航空母舰上的舰载轰炸机来投射核武器，最终研制出了"美国"号航空母舰，然而这一方案遭到了新成立的美国空军的极力反对，"美国"号航空母舰项目随之流产。

在20世纪50年代初爆发的局部战争中，美国有大量喷气式舰载机以航空母舰为基地投入战争，令航空母舰的重要性又得到了重新的评价，也让直升机有了新的发挥空间。这一时期，英国研制出诸多航空母舰设计新技术——光学辅助降落装置、蒸汽弹射器与斜角飞行甲板，成为日后大型航空母舰的典范，美国海军也结合上述技术特征建造了"福莱斯特"级航空母舰。此外，随着"鹦鹉螺"号核潜艇的核动力军舰试验的成功，美国海军也开始在航空母舰上使用核动力，第一艘核动力航空母舰"企业"号于1960年下水服役，但由于成本高昂，美国海军终止了后续的核动力航空母舰建造计划，转而继续建造"小鹰"级常规动力航空母舰。

美国"企业"号航空母舰

随着核技术的进步，核动力舰艇的建造成本逐年下降，经过慎重考虑后，美国自1975年起开始建造新设计的"尼米兹"级核动力航空母舰，以替换大量旧式航空母舰。在随后的三十年内，"尼米兹"级航空母舰接连完工服役。尽管每艘"尼米兹"级航空母舰与前一艘相比都有所改良，但基本设计始终不变。在此期间，由于核潜艇的出现解决了潜艇加入航空母舰战斗群的速度和续航能力问题，同时对潜通信技术也有了较大进步，因此攻击型核潜艇加入了航空母舰战斗群，与航空母舰、水面舰艇等共同成为航空母舰战斗群的基本编制力量。

与风光无限的美国相比，英国和法国在航空母舰建造和操作方面就显得有些窘迫了。由于经历二战和殖民地纷纷独立，英国国力大减，不得不将航空母舰大量卖给其他国家，这些旧式航空母舰大多是二战期间赶工建造的，其设计到了20世纪50年代早已无法应对喷气式舰载机的需求，很快就从其他国家退役。由于国防预算不断缩减，英国甚至一度想完全放弃建造航空母舰，仅仅因为苏联潜艇威胁与护航所需而建造了3艘"无敌"级轻型航空母舰。

"无敌"级航空母舰采用新式的"滑跃"甲板技术，并搭载垂直/短程起降战斗机与直升机作为主要战力。在1982年的英阿马岛战争中，尽管"无敌"级航空母舰因为没有搭载预警机而造成英军船舰的损失，但还是证明了其存在价值。"无敌"级航空母舰深深影响了其他资源与成本较少的国家的航空母舰设计，意大利、西班牙和泰国等国也建造了类似的轻型航空母舰。这些轻型航空母舰都设有"滑跃"式甲板，也将直升机和垂直/短程起降机作为舰载机。法国则先从英国与美国租借轻型航空母舰，而后于20世纪50年代研制了"克莱蒙梭"级中型航空母舰，其服役30多年后又再建造了核动力航空母舰"夏尔·戴高乐"号。

至于美国在冷战时期的主要竞争对手——苏联，其航空母舰发展之路较为复杂。苏联领导人执着于导弹与核武器，对航空母舰抱持鄙夷态度并抵制其发展，一直到美军将核打击任务交付潜艇后，才开始发展搭载反潜直升机的军舰。在1964年古巴导弹危机后，苏联领导人才真正意识到航空母舰的价值，并着手建造了"基辅"级航空母舰。"基辅"级航空母舰除了搭载舰载战斗机与反潜直升机外，本身还有强大的对空、对潜、对舰武装，但与西方国家的航空母舰相比，也只能算是拥有大量导弹武器的轻型航空母舰。直到1991年，苏联才出现了较为常规的航空母舰，即"库兹涅佐夫"号，该航空母舰采用大型"滑跃"甲板，仍保有许多导弹武器，与西方设计思维有所不同。

俄罗斯"库兹涅佐夫"号航空母舰

冷战结束后，世界上拥有航空母舰的国家分成自主建造和购入航空母舰的国家，前者包括美国、英国、法国、西班牙、意大利和俄罗斯等，后者包括巴西、印度和泰国等。目前，美国正在建造"福特"级核动力航空母舰（首舰"福特"号已于2017年7月开始服役），英国正在建造"伊丽莎白女王"级常规动力航空母舰，俄罗斯也已对外公布计划中的新式航空母舰——"施托姆"级。

值得一提的是，虽然日本在二战战败后被禁止拥有攻击性舰船，但该国仍野心勃勃地建造了"日向"级和"出云"级等直升机护卫舰，其中，"出云"级是日本海上自卫队

日本"日向"级直升机护卫舰

有史以来建造的最大的作战舰艇，拥有右舷舰岛、全通式飞行甲板等类航空母舰布局，其飞行甲板尺寸甚至超过了欧洲国家的一些轻型航空母舰。

航空母舰的主要分类

在航空母舰近百年的发展历史中，世界各国建造的航空母舰种类很多，分类方法也多种多样。按所担负的作战任务进行分类，可以将航空母舰分为护航航空母舰、攻击航空母舰、反潜航空母舰和多用途航空母舰。护航航空母舰通常用于执行保护运输船队免受敌方水面舰艇及水下潜艇攻击的护航任务，特点是航速慢、飞机搭载量少，且大部分由货轮等其他用途的船舶改造而来；攻击航空母舰以舰载攻击机、战斗机为主要武器；反潜航空母舰以舰载反潜飞机和反潜直升机为主要武器；多用途航空母舰可搭载多种舰载机，包括攻击机、战斗机、预警机、反潜机、电子作战飞机、运输机、加油机等，兼具攻击航空母舰和反潜航空母舰的功能，能担负攻击、反潜等多种任务。这种分类方法在二战中较为多用，但现代航空母舰一般都是多用途航空母舰，因而这种分类方法已经不再适用。

美国"卡萨布兰卡"级护航航空母舰

　　按动力装置进行分类，航空母舰可分为核动力航空母舰和常规动力航空母舰。前者是以核能为推进动力源的航空母舰，续航力强，具有全天候、全球远洋作战能力；后者是以蒸汽轮机或燃气轮机为基本动力的航空母舰。虽然核动力航空母舰的综合作战能力远胜于常规动力航空母舰，但其建造和运行费用极为惊人，技术要求也相对较高，所以目前世界上仅有美国大量装备核动力航空母舰。由于技术和经费等方面的原因，其他国家的航空母舰通常采用常规动力。

　　按舰载机的性能进行分类，航空母舰可分为常规起降航空母舰和垂直/短距起降航空母舰。前者是指可以搭载和起降包括传统起降方式固定机翼飞机在内的各种飞机的航空母舰；后者是以舰载垂直/短距起降飞机为主要武器的航空母舰，主要担负攻击和反潜任务，其舰首通常设有"滑跃"式甲板，舰上没有弹射起飞装置和飞机降落阻拦装置。

　　由于上述分类方法都有一定的局限性，所以目前最常采用的方法是以排水量大小进行分类，分为大型航空母舰、中型航空母舰和小型航空母舰（或称轻型航空母舰）。其中，大型航空母舰是指满载排水量在60000吨以上的航空母舰，舰载机数量为60~100架，以重量在20~30吨级的常规起降飞机为主，作战范围在800~1000千米。大型航空母舰多为攻击航空母舰或核动力多用途航空母舰，可进行远洋作战，在全球范围内部署，执行防空、反舰、反潜、预警、侦察及对地攻击任务。大型航空母舰的典型代表是美国海军现役的"尼米兹"级航空母舰以及"福特"级航空母舰。

　　中型航空母舰的满载排水量在30000~60000吨，舰载机数量为20~60架，以重量在10~20吨级的常规起降飞机或垂直/短距起降飞机为主，作战范围在400~800千米。中型航空母舰可作中远海部署，执行舰队防空、反舰、反潜及对地攻击任务。中型航空母舰的典型代表是法国海军现役的"夏尔·戴高乐"号航空母舰。

　　小型航空母舰的满载排水量在30000吨以下，舰载机数量为15~30架，以垂直/短距起降飞机和直升机为主，作战范围在200~400千米。小型航空母舰可作近中海部署，执行防空、反舰、反潜、预警等任务。小型航空母舰的典型代表是意大利海军现役的"加富尔"号航空母舰。

美国"福特"级航空母舰

法国"夏尔·戴高乐"号航空母舰

航空母舰的重要构造

飞行甲板

巨大的飞行甲板是航空母舰外形上最明显的特征，它是航空母舰特有的也是极其重要的分层甲板。陆基飞机如果起飞时长度不足，仅需延长起飞时间，舰载机则完全不同，因为航空母舰飞行甲板的空间有限，舰载机没有多余的跑道来滑行，因此飞行甲板的设计对航空母舰的战斗能力有着至关重要的影响。

在航空母舰发展初期，飞行甲板就是在舰尾处装上一条长直钢板，因跑道长度有限而起飞速度不足，加上飞行甲板末端的上层建筑构造会产生不利于飞行的气流，这种设计很快被摒弃。之后，出现了"全通甲板"，外观为长直的矩形，拦阻网将甲板分为前后两部分，前段为舰载机起飞区，后段为舰载机降落区。当拦阻网收起时，前后两部分合二为一，舰载机就能从舰尾向前自由测距滑跑起飞。

自航空母舰问世到20世纪50年代初期，全通甲板一直是各国航空母舰的主流设计。喷气式飞机时代来临后，以往能够满足螺旋桨飞机起飞的前段跑道长度无法令其起飞，若从后段甲板起飞，则会令其他舰载机无法降落，从而降低起降效率。另外，全通甲板也存在降落失败会撞毁跑道飞机的问题。英国曾尝试在甲板上铺设橡胶，让舰载机在没有开动起落架的情况下降落，但这会造成舰载机降落后难以移动的问题。

有鉴于此，英国海军上校丹尼斯·坎贝尔（Dennis Campbell）提出将甲板自舰身中心线左偏10度、前段甲板就可用来安全地停放飞机和进行起飞的设计概念，若飞机在斜角区降落失败也不会撞到起飞区与停机区的飞机。1952年5月，美国海军也在"中途岛"号航空母舰的斜角甲板上尝试起降螺旋桨飞机与喷气式飞机，效果皆令人满意。此后，斜角甲板设计逐渐成熟，喷气式舰载机也在20世纪50年代中期大量服役，美国海军还将大量老式航空母舰（如"埃塞克斯"级）改为斜角甲板。斜角甲板的优点是降落飞机未能钩住拦阻索时，可马上拉起复飞而不会与前甲板停放的飞机相撞。另外，舰载机起飞和降落可同时进行。

　　时至今日，大中型航空母舰大多采用斜角甲板，舰体前方的直通部分用于飞机起飞，长70～100米，斜角部分位于主甲板左侧，用于飞机降落，长220～270米，两部分夹角6～13度。而小型航空母舰（轻型航空母舰）由于尺寸较小，无法布置多条跑道和弹射器，加上没有成熟的弹射器技术，因此仍旧采用全通式甲板，并结合"滑跃"甲板的设计。"滑跃"式甲板也是英国人的发明，它将航空母舰最前方的飞行甲板的仰角提高。这使得飞机一部分的速度转为向上的升力，相比于垂直起飞，这种方法比较节省油料。"滑跃"式甲板的成本和技术限制不大，建造相对简单，故障率也较低。不过，以"滑跃"式甲板起飞的舰载机所能携带的武器数量远少于以弹射器起飞的舰载机，严重限制了舰载机的战斗力。此外，对飞行员的技术要求也很高。

俄罗斯"库兹涅佐夫"号航空母舰搭载的苏-33战斗机从"滑跃"式甲板起飞

▶ 舰岛

　　舰岛也称为岛式上层建筑，它是现代航空母舰外形特征标志之一，与主船体尤其是飞行甲板有着重要的关联，直接影响到舰载机的作业效率。

从飞机起降的要求上讲，航空母舰的飞行甲板上空无一物是最理想的，早期处于摸索阶段的全通甲板航空母舰曾经省略过上层建筑，如英国"百眼巨人"号和"暴怒"号，但后来发现这种设计对导航与航空管制不利而作罢。现代航空母舰的上层建筑力求外形简洁，从而减少雷达反射。

在航空母舰的发展历程中，大多数航空母舰的上层建筑均配置于右侧，仅有极少数航空母舰（如日本"飞龙"号）配置于左侧。这是因为大多数飞行员在起飞或进行攻击时习惯往左弯（由于飞行操纵杆为右撇子设计，设置于右侧，若要转弯，飞行员向左拉动远比向右顺手），而且舰载机在降落过程中要逆时针旋转（即左弯）进入环绕航空母舰的环形航线。另外，二战时期大部分战斗机追击轰炸机时也是由右至左。英国正在建造的新一代航空母舰采用了双舰岛设计，前舰岛负责航行，后舰岛负责航空管制，两座舰岛均比单舰岛设计更低矮。

美国"福特"号航空母舰正在吊装舰岛

升降机

　　升降机是将舰载机自机库运输至飞行甲板的装置，早期配置于全通甲板的舰身中线的前、中或后方，通常为2～3座，也是甲板上最脆弱的部分，如果升降机故障或是遭到破坏会导致舰载机无法起降，进而丧失战斗力。此外，炸弹也可能击穿升降机，直接进入机库中，而机库又与堆积弹药与燃料的隔舱接近，一旦引爆将导致严重的后果。

　　后来，美国海军将升降机位置调整到侧舷，除了不妨碍起降作业以及安全性高之外，还有着飞机翼展超过升降机宽度时也能使用的优点。美国"福莱斯特"级航空母舰曾在斜角甲板前方设置一座升降机，以便让飞机降落后立刻收入机库，然而后来发现这样的机会其实很少。另外，航空母舰航行时溅起的浪花会波及舰载机，因此，从"小鹰"级航空母舰开始又将该升降机位置调整到侧舷。现代大型航空母舰的升降机宽约20米、深达15米，可负重100吨，可在1分钟内将一架舰载机从机库运至飞行甲板。

美国海军"企业"号航空母舰使用升降机运送 F/A-18C 战斗 / 攻击机

辅助降落设备

在航空母舰诞生之初，舰载机的降落作业非常困难，发生事故伤亡多，因而最早在美国海军"兰利"号航空母舰上出现了两种革命性的辅助降落制度：设置"降落指挥官"与使用拦阻网，前者在甲板上判断降落条件、飞机高度等来挥动旗帜打信号，一般由技术纯熟的飞行员担任，而后此制度传入英国。至于拦阻网则是让降落的飞机免予意外的一项保险，早期飞机降落时要由甲板人员上前挂住钩索，而后进步为飞机降落时会打开下方的拦阻钩来钩住甲板上并排的拦阻索，拦阻索两端连入甲板下的液压制动器，吸收飞机剩余的动能，进而让其在甲板上停下。如果没有挂到拦阻索，拦阻网可以避免飞机撞上甲板停放的飞机或是摔出飞行甲板，也不会毁损机体，还可以调整降落位置，因此拦阻网的发明大幅提升了飞机的安全降落效率，在1923年年末使用拦阻网时美国海军最佳的成绩是7分钟降落3架飞机，使用后则是4分20秒降落了6架。与可以重复使用的拦阻索不同，拦阻网使用一次后必须更换。

美国海军"艾森豪威尔"号航空母舰的勤务人员正在检查拦阻索

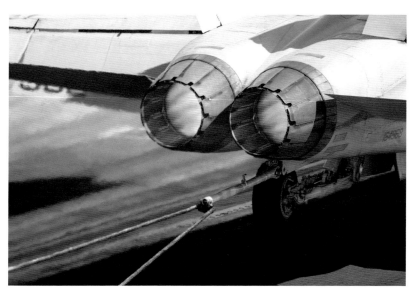

美国海军 F/A-18 "大黄蜂"战斗 / 攻击机尾部的拦阻钩成功钩住拦阻索

美国海军 "小鹰"级航空母舰上的拦阻网

　　进入喷气式舰载机时代后，由于其速度过快、降落指挥官和飞行员都反应不及，原有制度已不能保证安全降落。1952年，英国海军中校尼可拉斯·古德哈特设计出了早期的光学助降装置——助降镜。它是一面大曲率反射镜，装在舰尾的灯光射向镜面再反射到空中，给飞行员提供一个光的下降坡面（与海平面夹角为3.5～4度），飞行员沿着这个坡面并以飞机在镜中的位置修正误差，直到安全降落。助降镜受海浪颠簸影响较大，飞行员往往会丢失光柱并较难捕捉到。20世纪60年代，英国研制出第二代光学助降装置——"菲涅耳"光学助降装置，它在原理上与助降镜相似，也是在空中提供一个光的下滑坡面，但它提供的信号更利于飞行员判断方位，修正误差。

　　20世纪70年代，美国海军又研制出了全自动助降系统，它通过雷达测出飞机的实际位置，再根据航空母舰自身的运动，由航空母舰计算机得出飞机降落的正确位置，再在指令计算机中进行比较后发出误差信号，舰载机的自动驾驶仪依据信号修正误差，引导舰载机正确降落。现代航空母舰的辅助降落设备多半是混合使用，可互相取长补短，获得最好的效果。

美国海军"艾森豪威尔"号航空母舰上的光学助降装置

在螺旋桨舰载机时代，航空母舰上通常设有10~15道拦阻索和3~5道拦阻网。而喷气式舰载机降落时并不关闭发动机，情况不好马上可以拉起，所以现代航空母舰的拦阻索大幅度减少。美国海军的航空母舰通常备有4道拦阻索，第一道设在距离斜角甲板尾端55米处，然后每隔14米设一道，由弓形弹簧张起，高出飞行甲板30~50厘米。这些拦阻索可使30吨重的舰载机以259千米/时的速度降落后滑跑91.5米然后停止。舰载机停下后，拦阻索自动复位，迎接下一架舰载机的到来。而现代航空母舰配备的拦阻网一般由高强度尼龙材料制成，用于在舰载机尾钩、起落架出现故障、飞行员受伤、燃油耗尽等情况下应急回收舰载机。

美国海军 F/A-18 "大黄蜂" 战斗 / 攻击机借助拦阻索降落

由于美国海军现有的拦阻系统依然存在很多短板，难以满足美国海军下一代航空母舰和F-35舰载机的需求。所以，美国通用原子公司设计了涡轮电力拦阻方案，与现有的拦阻系统相比，涡轮电力拦阻的体积更加紧凑、智能化、自动化水平更高，具有明显优势。

⦚⦚⦚▷ ⭐ 自卫武器

除了舰载机，大部分现代航空母舰都只装有最低限度的自卫武器，包括各式防空导弹、近程防御武器系统以及电子战武器设施。究其原因，主要是因为航空母舰角色的转换与雷达设备的进步。

在启蒙时期，航空母舰的舰载机的反舰能力还不明了，主要用于在海上为战列舰实施侦察，这样一来就无须太在乎甲板设计会影响到舰载机数量的问题。另外，由于当时舰载雷达尚未出现，航空母舰会在无意间进入敌舰射程范围内，为了进行反击，航空母舰上会配装舰炮。二战期间，舰载雷达蓬勃发展，航空母舰可有效避开敌舰的突袭，加上舰载机的攻击能力已得到了证明，航空母舰本身不需要防空火炮以外的武器，中大口径舰炮随即消失。飞机进入喷气超声速时代后，传统防空火炮根本无法应付，因此美国曾计划将防空任务全交由舰载机负责。

到了20世纪80年代，由于苏联海军强化了反舰导弹打击能力，有能力自潜艇、飞机与水面舰等多平台发射大量反舰导弹进行饱和性攻击，这种战术极有可能突破由舰载战斗机与护卫舰艇组成的空中防护网，因此航空母舰仍需配备防空导弹、近程防御武器系统以及电子战等武器装备来确保自身的安全。若是常规动力航空母舰还可发射热焰弹来应对红外线制导的导弹。除了应对敌军武器，现代航空母舰上还有完善的消防系统。

以美国海军"尼米兹"级航空母舰为例，舰上装有射程约50千米的"改进型海麻雀"防空导弹、射程26千米的"海麻雀"防空导弹、射程9.6千米的RIM-116"拉姆"防空导弹、射程4.5千米的"密集阵"近程防御武器系统，还有干扰敌人雷达的电子战装置。与美国不同，俄罗斯重视单舰作战能力，同时由于俄罗斯海军舰队防空网强度不足，所以"库兹涅佐夫"号航空母舰的自身火力比西方国家的航空母舰要强上许多，包括反潜火箭、反舰导弹、防空导弹以及近程防御武器系统。

美国海军 "艾森豪威尔" 号航空母舰发射 "拉姆" 防空导弹

Chapter 2
大型航空母舰

　　大型航空母舰是指满载排水量在60000吨以上的航空母舰，舰载机数量为60~100架，以重量在20~30吨级的常规起降飞机为主，作战范围在800~1000千米。大型航空母舰多为攻击航空母舰或核动力多用途航空母舰，可进行远洋作战，在全球范围内部署，执行防空、反舰、反潜、预警、侦察及对地攻击任务。

美国"福莱斯特"级航空母舰

　　"福莱斯特"（Forrestal）级航空母舰是二战结束后美国海军首批为配合喷气式飞机的诞生而建造的航空母舰，一共建造了4艘。

研发历史

　　"福莱斯特"级航空母舰是美国在二战后建造的第一级航空母舰，以詹姆斯·福莱斯特（1892年2月15日—1949年5月22日）的名字命名，他曾担任美国海军部长和美国首任国防部长。"福莱斯特"级航空母舰的满载排水量比美国海军前一代的"中

基本参数	
满载排水量	80643 吨
全长	326.1 米
全宽	39.42 米
吃水	10.9 米
最高航速	34 节
最大航程	8000 海里
舰员人数	4378 人

途岛"级航空母舰足足增加了四分之一，满载排水量超过80000吨，被认为跨越了一个崭新的舰船尺码门槛。因此，"福莱斯特"级航空母舰被称为世界上第一种真正付诸生产的"超级航空母舰"。

首舰"福莱斯特"号于1952年7月开工建造，1954年12月下水，1955年10月服役。二号舰"萨拉托加"号于1952年12月开工建造，1955年10月下水，1956年4月服役。三号舰"游骑兵"号于1954年8月开工建造，1956年9月下水，1957年8月服役。四号舰"独立"号于1955年7月开工建造，1958年6月下水，1959年1月服役。20世纪80年代，除"游骑兵"号之外的3艘同级舰均进行了延寿改装。1998年9月，最后一艘"福莱斯特"级航空母舰退出现役。

▌▌▌▷ 舰体构造

"福莱斯特"级航空母舰首次采用蒸汽弹射器，飞行甲板吸取英国航空母舰的设计经验，将传统的直通式飞行甲板变为斜角、直通混合布置的飞行甲板，使整个飞行甲板形成起飞、待机和降落三个区域，可同时进行起飞和着舰作业。"福莱斯特"级航空母舰在舰首甲板与斜向飞行甲板最前段设有4座蒸汽弹射器，配合4座设在船侧的升降机，这些都是之后的美国航空母舰一直沿用的标准设计。该级舰的动力装置由4台蒸汽轮机和8台锅炉组成，4轴推进，推进功率为210000千瓦。

"福莱斯特"级航空母舰俯视图

"福莱斯特"级航空母舰尾部视角

自卫武器

　　"福莱斯特"级航空母舰的自卫武器为3座八联装Mk 29"海麻雀"舰对空导弹发射装置和3座Mk 15"密集阵"近程防御武器系统。

"福莱斯特"级航空母舰的岛式上层建筑

电子设备

　　"福莱斯特"级航空母舰配备了SPS-48C对空搜索雷达（E/F波段）、SPS-49（V）对空搜索雷达（C/D波段）、SPS-67对海搜索雷达（G波段）、SPN-64（V）导航雷达、Mk 95火控雷达、URN-25"塔康"导航系统、SPN-44飞行进场控制雷达、SLQ-32（V）电子对抗系统、海军战术数据系统等电子设备。

"福莱斯特"级航空母舰前方仰视图

舰载飞机

　　"福莱斯特"级航空母舰最多可以搭载90架舰载机，曾搭载的机型包括F-4"鬼怪Ⅱ"战斗机、F-14"雄猫"战斗机、F/A-18"大黄蜂"战斗/攻击机、EA-6B"徘徊者"电子作战飞机、E-2C"鹰眼"预警机、SH-3"海王"

"萨拉托加"号及其搭载的舰载机

直升机、SH-60"海鹰"直升机等。该级舰的4座弹射器和4座升降机能保障每分钟弹射8架舰载机，这对于喷气式舰载机进行战斗巡逻是至关重要的。

▐▐▐▶ 十秒速识

　　"福莱斯特"级航空母舰拥有全通式斜角飞行甲板，其右舷的升降机是"前一后二"的设计，而之后的美国航空母舰则采用"前二后一"的设计。

"福莱斯特"级航空母舰通过苏伊士运河

美国"企业"号航空母舰

　　"企业"（Enterprise）号航空母舰是美国也是全世界第一艘使用核反应堆作为动力来源的航空母舰，于1962—2012年服役。

研发历史

1954年9月30日，美国第一艘核潜艇"鹦鹉螺"号正式服役的消息轰动全球。随后，美国开始研制核动力水面舰艇。1957年12月，美国开始建造"长滩"号核动力巡洋舰。1958年2月4日，纽波特纽斯造船厂开始建造"企业"号核动力航空母舰（CVN-65）。1960年9月24日，"企业"号航空母舰下水，并于1962年1月正式服役，母港为弗吉尼亚州诺福克。该级舰原本打算建造6艘，但由于当

基本参数	
满载排水量	94781 吨
全长	342 米
全宽	40.5 米
吃水	12 米
最高航速	33 节
最大航程	接近无限
舰员人数	3215 人

时核动力技术不成熟、成本昂贵，导致它的造价极高，剩下的订单全部取消，转而建造"小鹰"级常规动力航空母舰替代空缺。

"企业"号航空母舰的舰名源自美国独立战争期间美军俘获并更名的一艘英国单桅纵帆船。在该舰之前，美国海军曾有过另一艘以"企业"命名的航空母舰，即大名鼎鼎的CV-6。CV-6在二战期间战功卓著，并且极其幸运，一度成为美国海军仅存的航空母舰。为了纪念这艘传奇的航空母

舰，美国海军将第一艘核动力航空母舰也命名为"企业"号。

"企业"号航空母舰（上）与法国"夏尔·戴高乐"号航空母舰（下）

舰体构造

"企业"号航空母舰的外形与"小鹰"级航空母舰基本相同，采用了封闭式飞行甲板，从舰底至飞行甲板形成整体箱形结构。飞行甲板经过特别强化，厚达50毫米，并在关键部位加装装甲。水下部分的舷侧装甲厚达150毫米，并设有多层防雷隔舱。该舰的机库为封闭式，长223.1米，宽29.3米，高7.6米。在斜直两段甲板上分别设有2座C-13蒸汽弹射器，斜角甲板上设有4道Mk 7拦阻索和1道拦阻网，升降机为右舷3部，左舷1部。

为了获得更高的机动性，"企业"号航空母舰还采用了类似巡洋舰造型的船壳设计方案，这也让它成为世界上舰身最长的航空母舰。此外，由于采用核动力装置，节省了原动力舱室空间，舰员的居住条件得到大大改善，弹药及给养的储备也有所增加。

高速航行的"企业"号航空母舰

"企业"号航空母舰侧前方视角

自卫武器

　　"企业"号航空母舰的自卫武器为2座Mk 29"海麻雀"舰对空导弹发射装置、2座RIM-116"拉姆"舰对空导弹发射装置和2座Mk 15"密集阵"近程防御武器系统。

"企业"号航空母舰后方视角

电子设备

　　"企业"号航空母舰配备了1部SPS-48E对空搜索雷达、1部SPS-49（Ⅴ）5对空搜索雷达、1部Mk 23 TAS对空搜索雷达、1部SPS-67对海搜索雷达、1部SPS-64（Ⅴ）9飞机进场控制雷达、1部SPN-41（Ⅴ）9导航雷达、1部URN-25"塔康"导航系统、3部Mk 91导弹发射火控系统、6部Mk 95火控雷达等电子设备。

"企业"号航空母舰的空中交通控制中心

▶ 舰载飞机

　　"企业"号航空母舰最多可以搭载90架舰载机，正常情况下搭载60架舰载机，曾搭载的机型包括F-14"雄猫"战斗机、F/A-18"大黄蜂"战斗/攻击机、EA-18G"咆哮者"电子战飞机、E-2C"鹰眼"预警机、S-3"维京"反潜机、C-2"灰狗"运输机、SH-3"海王"直升机、SH-60"海鹰"直升机等。"企业"号航空母舰的每部升降机一次可装载2架飞机，运行一次只需25秒。

"企业"号航空母舰搭载的 F/A-18"大黄蜂"战斗 / 攻击机准备降落

▶ 十秒速识

　　"企业"号航空母舰的舰体较长，具有结构紧凑的方形上层建筑和封闭式斜角飞行甲板，方形上层建筑位于舰体中部右舷靠后。

"企业"号航空母舰尾部视角

 美国"小鹰"级航空母舰

"小鹰"（Kitty Hawk）级航空母舰是美国建造的大型常规动力航空母舰，是迄今为止世界各国建造的排水量最大的一级常规动力航空母舰，一共建造了4艘。

基本参数	
满载排水量	83090 吨
全长	320 米
全宽	40 米
吃水	12 米
最高航速	32 节
最大航程	10428 海里
舰员人数	3150 人

研发历史

20世纪50年代，美国建造的"福莱斯特"级航空母舰被称为"超级航空母舰"，但在服役过程中仍发现了一些不足，许多因设计欠佳而导致的缺点日渐显露。因此，在1956年建造第五艘"福莱斯特"级航空母舰时，美国海军对其进行了大幅改进，并重新命名为"小鹰"级航空母舰。首舰"小鹰"号于1956年12月27日开工建造，1961年4月29日开始服役。

"小鹰"级航空母舰和"提康德罗加"级巡洋舰

在二号舰"星座"号建造完成后，美国海军原计划以新发展的6艘"企业"级核动力航空母舰接替常规动力航空母舰的地位，但因技术不成熟、成本过高等原因，最终只有"企业"号建成服役。之后，美国海军又恢复了常规动力航空母舰的建造，从而促成了"小鹰"级航空母舰三号舰"美利坚"号和四号舰"肯尼迪"号的诞生。2009年，首舰"小鹰"号退役，被"尼米兹"级航空母舰的十号舰"布什"号取代。"小鹰"号不仅是服役最久的同级舰，也是美国海军最后一艘退役的常规动力航空母舰。此后，美国海军的航空母舰全部核动力化。

舰体构造

"小鹰"级航空母舰在总体设计上沿袭了"福莱斯特"级航空母舰的设计特点，其舰形特点、尺寸、排水量、动力装置等都与"福莱斯特"级航空母舰相差较小，但"小鹰"级航空母舰在上层建筑、防空武器、电子设备、舰载机配备等方面均做了较大改进。"小鹰"级航空母舰共拥有4条Mk 7拦阻索、4具C-13蒸汽弹射器，飞行甲板面积有所增加，飞行甲板的布局也有所改良。

"福莱斯特"级航空母舰的左舷升降机设在斜甲板前端，飞机降落时就无法使用，而"小鹰"级将其移动到斜甲板后端。"小鹰"级航空母舰的3座右舷升降机有2座在舰桥前方，1座在舰桥后方，刚好与"福莱斯特"级

"小鹰"级航空母舰后方视角

航空母舰相反。此外，"小鹰"级航空母舰的升降机造型也有改进，以便停放身形较长的飞机。由于舰员人数众多，"小鹰"级航空母舰的各种生活配套设施也十分完备。

"小鹰"级航空母舰正面视角

自卫武器

　　"小鹰"级航空母舰的自卫武器为3座八联装Mk 29"海麻雀"舰对空导弹发射装置、3座Mk 15"密集阵"近程防御武器系统和4座Mk 36干扰火箭发射装置（发射红外曳光弹和箔条弹）。

"小鹰"级航空母舰俯视图

电子设备

　　"小鹰"级航空母舰配备了SLQ-29雷达、SLQ-32（V）电子对抗系统、WLR-3ECM接收机、WLR-11IFM接收机、海军战术数据系统（NTDS）、先进作战指挥系统（ACDS）、联合海上指挥信息系统（JMCIS）、SSQ-82卫星通信系统、Mk 91导弹发射火控系统等电子设备。

"小鹰"级航空母舰的岛式上层建筑

舰载飞机

　　"小鹰"级航空母舰最多可以搭载90架舰载机，曾搭载的机型包括F-14"雄猫"战斗机、F/A-18"大黄蜂"战斗/攻击机、A-6E"入侵者"攻击机、EA-6B"徘徊者"电子作战飞机、KA-6D加油机、E-2C"鹰眼"预警机、SH-3"海王"直升机、SH-60"海鹰"直升机等。由于改进了升降机的配置方式，"小鹰"级航空母舰的舰载机从机库运上甲板并抵达前方弹射器的时间大大缩短，提高了作战效率。

满载舰载机的"小鹰"级航空母舰

十秒速识

　　"小鹰"级航空母舰拥有斜角式飞行甲板，细长的柱状综合桅杆位于岛式上层建筑中间位置，装有对空搜索雷达、火控雷达和导航雷达天线。烟囱位于岛式上层建筑后方，与舰桥顶部平齐。

航行中的首舰"小鹰"号

美国"尼米兹"级航空母舰

"尼米兹"（Nimitz）级航空母舰是美国海军现役的核动力航空母舰，作为美国海军远洋战斗群的核心力量，可搭载多种不同用途的舰载机对敌方飞机、船只、潜艇和陆地目标发动攻击。

基本参数	
满载排水量	102000 吨
全长	317 米
全宽	40.8 米
吃水	11.9 米
最高航速	30 节
最大航程	接近无限
舰员人数	5680 人

研发历史

　　1961年，美国海军第一艘核动力航空母舰"企业"号（CVN-65）服役后，由于其造价太过昂贵，美国一度停止建造核动力航空母舰。直到1965年越战爆发以后，美国国防部才意识到核动力航空母舰无与伦比的持续作战能力以及寿命周期成本效益。1968年6月，美国开始建造新一级核动力航空母舰，即"尼米兹"级航空母舰。该级舰一共建造了10艘，均采用核动力推进，每舰装有2具A4W核反应堆

（总功率达191230千瓦），更换铀燃料棒的频率为13年，具有较好的寿命周期成本效益。首舰"尼米兹"号于1975年开始服役，十号舰"布什"号于2009年开始服役。

　　"尼米兹"级航空母舰的前三艘（"尼米兹"号、"艾森豪威尔"号、"卡尔·文森"号）和后七艘（"罗斯福"号、"林肯"号、"华盛顿"号、"斯坦尼斯"号、"杜鲁门"号、"里根"号、"布什"号）的规格略有不同，因此也有人将后七艘称为"罗斯福"级。不过，美国海军对这两种舰只构型并不做区别，一律称呼为"尼米兹"级。

以"尼米兹"号航空母舰为核心的航空母舰战斗群

舰体构造

　　"尼米兹"级航空母舰采用封闭式飞机甲板，机库甲板以下的船体是整体的水密结构，由内外两层壳体组成。机库甲板以上共分9层，飞行甲板以下为4层，飞行甲板上的岛形上层建筑为5层。"尼米兹"级航空母舰的斜角飞行甲板长238米，斜角甲板与舰体中心线夹角为9.5度，比先前几型美国航空母舰稍低，理论上能让舰首进行起飞作业的同时，由斜角甲板区进行降落回收。

　　"尼米兹"级航空母舰的防护设计相当优越，抵抗战损的能力比"埃塞克斯"级航空母舰高出3倍以上。该级舰看重防护与损害管制能力，甲板与舰体采用高强度高张力钢板以提升存活率，从舰底到飞行甲板都采用双层舰壳，内、外层舰壳之间以X形构造连接，外层舰壳与舰壳间的X形构造能吸收敌方武器命中时造成的冲击能量，降低对舰体内部的破坏。内层舰壳在重要舱室部位设有76～127毫米不等的钢质装甲，并构成一个完整的箱形结构，舰体划分了两千多个水密舱区，舰内总共设有23道横向水密隔舱壁与10道防火隔舱壁，水线以下有4道纵向防雷舱壁，并大量装备先进灭火系统。

"尼米兹"级航空母舰侧前方俯视图

"尼米兹"级航空母舰侧后方视角

自卫武器

前两艘"尼米兹"级航空母舰配备3套"点防御导弹系统"（BPDMS），每套由1个八联装Mk 25型防空导弹发射器以及一个由人工操作的Mk 71雷达/光学瞄准平台控制构成。后续舰则改用3套"改良型点防御导弹系统"（IPDMS），包含Mk 91火控雷达与八联装Mk 29型轻量化发射器，此外还加装4座Mk 15"密集阵"近程防御武器系统。前两艘"尼米兹"级航空母舰在翻修时也换装了"改良型点防御导弹系统"、Mk 91火控雷达和Mk 15"密集阵"近程防御武器系统，但Mk 15"密集阵"近程防御武器系统只装了3座。

"尼米兹"级航空母舰的八联装 Mk 29 型轻量化发射器

电子设备

"尼米兹"级航空母舰都装有完整的海军战术数据系统（NTDS）以及反潜目标鉴定分析中心（ASCAC）。反潜目标鉴定分析中心可迅速让航空母舰本身、护航舰艇快速分享彼此获得的资料。侦测方面，"尼米兹"级航空母舰的舰桥顶部设有1部AN/SPS-48E三维对空搜索雷达，上层建筑后方设有1座独立桅杆，顶部装置1部AN/SPS-49长程对空搜索雷达，主桅杆顶部设有1部AN/SPQ-9A追踪雷达。

"尼米兹"级航空母舰的岛式上层建筑

舰载飞机

"尼米兹"级航空母舰自服役以来一直是美军乃至全世界排水量最大的军舰，综合作战能力在同类舰艇中首屈一指。该级舰可搭载90架舰载机，均是美国海军目前最先进的舰载机型，包括F/A-18"大黄蜂"战斗/攻击机、EA-18G"咆哮者"电子战飞机、E-2"鹰眼"预警机、MH-60"海鹰"直升机、C-2"灰狗"运输机等。

"艾森豪威尔"号航空母舰及其舰载机编队

"尼米兹"级航空母舰装备4座升降机、4具蒸汽弹射器和4条拦阻索，在作战条件下，理论上4具蒸汽弹射器能以平均每分钟2架的速率将所有舰载机弹射升空，不过由于蒸汽弹射器会消耗推进系统产生的蒸汽，连续高速弹射8架舰载机之后，"尼米兹"级航空母舰的最高航速会从30节降至22节，必须暂停弹射作业等待锅炉蒸汽压力恢复。

▌▌▌▌★▷ 十秒速识

　　"尼米兹"级航空母舰的大型岛式上层建筑位于舰体中部靠后位置，平板式对空搜索雷达天线安装于岛式上层建筑舰桥前缘顶部，高大细长的柱状综合主桅位于舰桥顶部中心位置，装有阵列雷达、电子战雷达与火控雷达天线。封闭式独立桅杆位于岛形上层建筑后方，装有曲面框架式对空搜索雷达天线。

"林肯"号航空母舰在阿拉伯海航行

美国"福特"级航空母舰

"福特"（Ford）级航空母舰是美国正在建造的新一代核动力航空母舰，服役后将取代"尼米兹"级航空母舰成为美国海军舰队的新骨干。

研发历史

1996年，美国海军开始正式研究"尼米兹"级航空母舰的后继项目，最初称为CVNX项目，后改为CVN-21项目。该项目曾有不少十分前卫、超脱现今航空母舰设计的

基本参数	
满载排水量	101600 吨
全长	337 米
全宽	78 米
吃水	12 米
最高航速	30 节
最大航程	接近无限
舰员人数	4300 人

构型，不过考虑到成本、风险与实用性，美国海军最后还是选择对"小鹰"级航空母舰到"尼米兹"级航空母舰一脉相承的传统构型进行改良。2007

年1月，美国官方将新一代航空母舰的首舰正式命名为"福特"号。该命名源于美国第37任副总统和第38任总统杰拉尔德·福特（1913年7月14日—2006年12月26日），他是美国历史上第一位未经选举就接任副总统以及总统的人。

2009年11月，"福特"号开始建造，2013年10月举行下水仪式，当时邀请了福特总统的女儿苏珊·福特按下注水的启动按钮。"福特"号预计在2017年内服役。二号舰"肯尼迪"号于2015年8月开始建造，预计2018年下水，2020年开始服役。三号舰"企业"号及其他同级舰计划于2018年后陆续开始建造，总建造数量计划为10艘，最终完全取代"尼米兹"级航空母舰。作为未来美国海军的重要装备，"福特"级航空母舰拥有许多引领潮流的先进设计，作战能力大幅提升。

建造中的"福特"号航空母舰

舰体构造

与"尼米兹"级航空母舰相比，"福特"级航空母舰有3个重点改良方向，包括全面提升作战能力、改善官兵在舰上的生活品质以及降低成本。"福特"级航空母舰的舰体设计更加紧凑，并且具备隐形能力。该级舰有2

座机库、3座升降机，配合加大的飞行甲板，能够大幅提升战机出击率。动力系统方面，"福特"级航空母舰采用了新型A1B核反应堆，发电量为"尼米兹"级航空母舰的3倍，其服役期间（50年）不用更换核燃料棒。此外，"福特"级航空母舰的舰员舱也有所改进，每个住舱都配有卫生间，舰员生活空间也更私密。由于"福特"级航空母舰的整体自动化程度较"尼米兹"级航空母舰大为增加，所以人力需求大大降低。

"福特"级航空母舰前方视角

"福特"级航空母舰侧前方视角

自卫武器

　　"福特"级航空母舰的自卫武器包括Mk 15 Block 1B"密集阵"近程防御武器系统、RIM-116"拉姆"短程舰对空导弹发射装置、Mk 29"海麻雀"舰对空导弹发射装置（照明射控工作由AN/SPY-3雷达负责）等，安装于两舷和舰尾外侧的平台上。未来"福特"级航空母舰的武器系统可能会朝电磁炮甚至直接能量的激光炮的方向发展。

"福特"级航空母舰正在试航

电子设备

　　"福特"级航空母舰大量采用先进的侦测、电子战系统以及C4I设备（包括CEC协同接战能力），以符合美国海军未来IT-21联网作战的要求。舰上各型相控阵雷达、卫星通信、资料传输链、电子战系统与联合精确进场暨降落系统的天线整合于舰桥结构内，或置于舰桥顶部的轻量化桅杆上。舰上的作战与指管通情系统将采用开放式的架构，大量使用民间商规组建，以利于服役生涯中的维护与升级作业。在规划阶段，"福特"级航空母舰最主要的侦测系统是与"朱姆沃尔特"级驱逐舰相同的双频雷达系统（Dual Band Radar，DBR），包括AN/SPY-3多功能雷达和AN/SPY-4远程广域搜索雷达。

"福特"级航空母舰侧后方视角

舰载飞机

　　"福特"级航空母舰配备了4座电磁弹射系统（Electromagnetic Aircraft Launch System，EMALS）和先进飞机回收系统（含3道拦阻索和1道拦阻网），比传统蒸汽弹射器和拦阻索的效率更高，甚至能起降无人机。"福特"级航空母舰可以搭载75架舰载机，计划搭载的机型有F-35C"闪电Ⅱ"战斗机、F/A-18E/F"超级大黄蜂"战斗/攻击机、EA-18G"咆哮者"电子作战飞机、E-2D"鹰眼"预警机、MH-60R/S"海鹰"直升机、联合无人空战系统（J-UCAS）等。

V-22"鱼鹰"倾转旋翼机降落在"福特"级航空母舰上

▌▌▌▷ 十秒速识

　　"福特"级航空母舰拥有4座电磁弹射器，2座位于舰首，2座位于斜角甲板。该级舰的岛式上层建筑较小，位于右舷后方位置。

海试中的"福特"级航空母舰

俄罗斯"库兹涅佐夫"号航空母舰

"库兹涅佐夫"（Kuznetsov）号航空母舰是苏联建造的大型常规动力航空母舰，1991年1月开始服役，目前俄罗斯海军唯一的航空母舰，部署于北方舰队。

研发历史

在经历了第一代航空母舰的艰苦探索和第二代航空母舰的成功建造之后，航空母舰的重要作用逐渐得到苏联认可。1983年2月22日，苏联在尼古拉耶夫造船厂开工建造第一艘大型航空母舰，该舰先后被命名为"苏联"号、"克里姆林宫"号、"布里兹涅夫"号、"第比利斯"号，1991年1月服役时更名为"库兹涅佐夫"号，舷号063。该舰名来源于苏联海军元帅尼古拉·格拉西莫维奇·库兹涅

基本参数	
满载排水量	61390 吨
全长	305 米
全宽	72 米
吃水	10 米
最高航速	29 节
最大航程	8500 海里
舰员人数	3857 人

佐夫，他是二战时期的苏联海军总司令，"苏联英雄"荣誉称号获得者。"库兹涅佐夫"号航空母舰的同级舰"瓦良格"号于1985年12月开工建造，但最终由于苏联解体、经济衰退而被迫下马。

　　"库兹涅佐夫"号航空母舰集当时苏联科技发展之大成，是苏联海军历史上第一艘真正意义上的航空母舰。与西方航空母舰相比，"库兹涅佐夫"号航空母舰的定位有所不同，苏联称为"重型航空巡洋舰"，它没有装备平面弹射器，却可以起降重型战斗机。即便不依赖舰载机，该舰仍有相当强大的战斗力量。"库兹涅佐夫"号航空母舰可以防卫和支援战略导弹潜艇及水面舰艇，也可以搭载舰载机进行独立巡弋。

"库兹涅佐夫"号航空母舰侧面俯视图

舰体构造

　　"库兹涅佐夫"号航空母舰的舰首水上部分有较大幅度的外飘，舰首水下部分设球鼻首，用于安装声呐换能器。舰尾为方形，舭部（船舷侧板与船底板的弯曲部）为圆形。主舰体从飞行甲板往下有7层甲板、2层平台和双层底，共10层甲板。岛式上层建筑位于飞行甲板右侧，布置有指挥部位、高级住舱、电子设备和工作舱室等。水上部分舰体的防御方面，基本采用了钢—玻璃纤维—钢的夹层结构。

　　"库兹涅佐夫"号航空母舰的舰体由11个防水舱壁分开，整个舰体均采用双重底结构。全舰共划分为3857个区域，2500个床位，其中有400个为空降兵预留床位，士官居住室387个，洗浴室50个，食堂6个，通道总长达6000米。该舰的动力装置为2台37兆瓦涡轮机、9台1500千瓦涡轮发电机、6台1500千瓦柴油发电机。

"库兹涅佐夫"号航空母舰侧前方视角

"库兹涅佐夫"号航空母舰侧后方视角

自卫武器

　　"库兹涅佐夫"号航空母舰的自身防御火力超过美国"尼米兹"级航空母舰。一般来说,航空母舰仅配备少量的防御自卫武器,防御任务主要靠航空母舰编队的护卫舰艇和航空母舰上的舰载机来担负。然而,"库兹涅佐夫"号航空母舰除舰载机外,还拥有大量的武器装备,其战斗力比普通巡洋舰都强。该舰的舰载武器包括8门AK-630近防炮、8座"卡什坦"近程防御武器系统、12座P-700"花岗岩"反舰导弹发射装置、4座3K95"匕首"防空导弹发射装置、2座十联装RBU-12000火箭深弹发射装置、2座PK-2干扰箔条发射器和10座PK-10干扰箔条发射器等。

"库兹涅佐夫"号航空母舰前方视角

电子设备

　　"库兹涅佐夫"号航空母舰为了最大限度地增强作战能力,配备了俄罗斯当前最先进的雷达和指挥控制及干扰系统,如"天空哨兵"多功能相控阵雷达。这种雷达与美国"宙斯盾"雷达极为相似，具有跟踪精度高、抗干扰能力强、可靠性高等优点，能对多批次目标进行探测、识别和跟踪。除此之外，该舰还配备了MR-710"顶板"三坐标对空/对海雷达、MR-320M"双支撑"对海雷达、MR-360"十字剑"火控雷达、3P37"热闪"火控雷达、"蛋糕台"战术空中导航雷达等电子设备。

"库兹涅佐夫"号航空母舰尾部视角

舰载飞机

　　一般情况下，"库兹涅佐夫"号航空母舰的载机方案为20架苏-33战斗机，15架卡-27反潜直升机，4架苏-25UGT教练机和2架卡-31预警直升机。该舰的舰载机需要使用本身的动力，冲上跳板升空。这种设计比起采用平面弹射器的航空母舰具备更高的飞机起飞角度和高度，所需要的操作人员较少，但也带来了舰载机设计难度大、起飞重量受限、对飞行员技术要求高等弊端。

"库兹涅佐夫"号航空母舰及其搭载的卡 -27 反潜直升机

十秒速识

　　"库兹涅佐夫"号航空母舰同时拥有斜直两段式飞行甲板和"滑跃"式飞行甲板，没有安装弹射器。岛式上层建筑位于飞行甲板右侧。

"库兹涅佐夫"号航空母舰的"滑跃"甲板

英国"伊丽莎白女王"级航空母舰

　　"伊丽莎白女王"（Queen Elizabeth）级航空母舰是英国正在建造的大型常规动力航空母舰，计划建造2艘，首舰预计于2017年开始服役。

研发历史

　　20世纪80年代，英国从英阿马岛战争中认识到航空母舰在远洋作战中的巨大优势，决心发展新一代航空母舰。无奈受限于窘迫的财政状况，建造计划一直无法落实。英国和法国曾试图共同发展新型航空母舰，但最终未能如愿。到了21世纪初，眼见"无敌"级航空母舰先后退役，英国终于痛下决心单独出资建造两艘大型航空母舰，即"伊

基本参数	
满载排水量	65000 吨
全长	280 米
全宽	39 米
吃水	11 米
最高航速	25 节以上
最大航程	10000 海里
舰员人数	1600 人

丽莎白女王"级航空母舰。该舰名源于英国女王伊丽莎白一世，她是英国都铎王朝的末代君主，也是英国历史上最伟大的君主之一。

首舰"伊丽莎白女王"号（HMS Queen Elizabeth R08）于2014年7月8日下水，预计2017年开始服役。二号舰"威尔士亲王"号（HMS Prince of Wales R09）于2011年5月开始建造，预计2017年下水，2020年开始服役。"伊丽莎白女王"级航空母舰是英国有史以来建造的最大军舰，满载排水量达65000吨，几乎比"无敌"级航空母舰大了3倍。该级舰将取代以反潜作战为主要任务、只能搭载数量非常有限的攻击型舰载机的"无敌"级航空母舰，作为未来英国海军的远洋主力。

建造中的首舰"伊丽莎白女王"号

舰体构造

"伊丽莎白女王"级航空母舰的飞行甲板配有2座升降机，均位于右舷，2座升降机的载重能力为70吨级，能在60秒内将飞机从机库运送至飞行甲板。该级舰的飞行甲板总面积约13000平方米，有防滑抗热涂装，舰首设有一个仰角13度的"滑跃"式甲板。"滑跃"式甲板为英国航空母舰一贯的设计，只占据飞行甲板前端的一半，另一半用于停放飞机。起飞跑道末端设有一个折流板，整个飞行甲板规划有6个直升机起降点。

"伊丽莎白女王"级航空母舰左舷视角

"伊丽莎白女王"级航空母舰侧前方视角

　　由于预算不足，"伊丽莎白女王"级航空母舰的动力装置并未采用昂贵的核反应堆，而是采用较便宜的柴油机及发电机组。为了最大幅度地降低人力需求，"伊丽莎白女王"级航空母舰尽可能提高自动化程度，同时也在舰上人员的日常管理费了许多功夫。

自卫武器

　　碍于预算拮据，"伊丽莎白女王"级航空母舰的自卫武器相当精简，包括3座美制Mk 15 Block 1B"密集阵"近程防御武器系统，以及4座30毫米DS30M遥控机炮。

"伊丽莎白女王"级航空母舰侧前方视角

电子设备

　　"伊丽莎白女王"级航空母舰配备了法国泰雷兹集团的S-1850M远程电子扫描雷达和英国宇航系统公司的997型雷达，以及2050型搜索声呐和162型海底描绘声呐等电子设备。

"伊丽莎白女王"级航空母舰在朴茨茅斯

舰载飞机

　　"伊丽莎白女王"级航空母舰的技术规格要求能搭载40架以上舰载机，其中至少要有36架F-35C"闪电Ⅱ"战斗机，其他舰载机有"阿帕奇"直升机、"支奴干"直升机、"灰背隼"直升机和"野猫"直升机等。该级舰首创"滑跃"式甲板结合"电磁弹射器"的新概念，F-35C战斗机使用弹射方式升空，大幅增加了机身载重。

十秒速识

　　"伊丽莎白女王"级航空母舰采用双舰岛设计，均位于右舷。该级舰的2座升降机也都在右舷，1座设在两座舰岛之间，1座位于舰尾右侧。

"伊丽莎白女王"级航空母舰侧后方视角

"伊丽莎白女王"级航空母舰的舰岛（未安装）

日本"信浓"号航空母舰

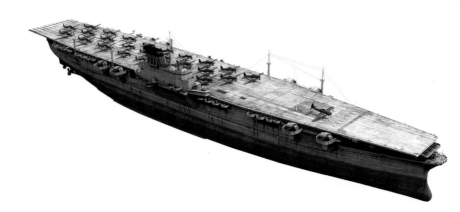

"信浓"（Shinano）号航空母舰是日本在二战中建造的大型航空母舰，是当时排水量最大的航空母舰，1944年11月19日服役后不久便被美军击沉。

研发历史

"信浓"号原本是作为"大和"级战列舰的三号舰建造，1940年5月在横须贺海军工厂六号船坞开工建造。太平洋战争爆发后，"信浓"号的建造计划被取消。1942年6月日本由于中途岛海战的惨败，损失了4艘主力航空母舰，航空母舰机动力量大大减少。于是，日本决定优先建造航空母舰。在此背景下，日本将已经完成50%进度的"信浓"号改建成航空母舰。

被改建为航空母舰的"信浓"号在1942年9月恢复施工，于1945年2月

基本参数	
满载排水量	71890 吨
全长	266 米
全宽	36.3 米
吃水	10.8 米
最高航速	27 节
最大航程	10000 海里
舰员人数	2400 人

竣工。但后来在争夺瓜达尔卡纳尔岛战役中，日本大量舰艇受损，需要在横须贺船厂进行大修，日本于1943年3月下令优先"修理损伤舰"，这导致"信浓"号的建造工作中断了数月。1944年菲律宾海海战，日本大败而归，随后日本严令"信浓"号必须在1944年内建成。造船厂方面只得不分日夜赶工并忽视了大量的次要流程，于1944年11月19日才勉强宣布建成（其实该舰仍然有大量细节部分没有完工）。1944年11月28日，"信浓"号在服役后的第一次正式出航中，仅仅航行了17个小时便被美军潜艇发射的4枚鱼雷击沉，创造了世界舰船史最短命的航空母舰的纪录。

刚刚下水的"信浓"号航空母舰

▶ 舰体构造

　　为了有效防御敌军的高空和俯冲轰炸，"信浓"号航空母舰的飞行甲板铺装了75毫米厚的甲板装甲，同时还覆盖了200毫米厚的钢骨水泥层。重点位置的装甲特别进行了加固，使之可以抵抗大口径火炮的轰击。水线以下也加装了牢固的装甲，以便抵御敌军的主力鱼雷。"信浓"号航空母舰设有开放式机库，通风能力较好。该舰的岛式舰桥设置于右舷中央部上，舰桥的后部向外侧倾斜23度。

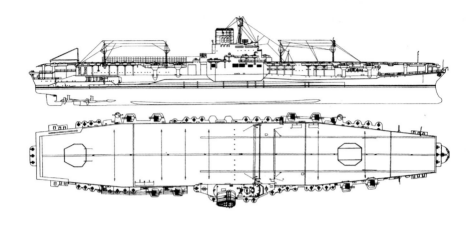

"信浓"号航空母舰结构图

自卫武器

　　"信浓"号航空母舰的自卫武器为8座双联装127毫米高平两用炮、37座三联装25毫米防空炮和22挺13毫米高射机枪。127毫米高平两用炮可作为舰炮平射攻击敌方舰船，也可以作为高射炮使用，射速每分钟超过15发，采用半自动装填，主要用来对付中高空的敌机；25毫米防空炮主要对来对付低空目标，射速很快。缺点在于威力较小，因使用15发固定弹匣供弹，每次换弹药时必须停止射击，使防空效率大打折扣；13毫米高射机枪主要对付贴近战舰的敌方飞机。虽然射速高，但是威力很弱，加上美军飞机一般有装甲以及其他的保护措施，杀伤力明显不足。

动力装置

　　"信浓"号航空母舰的动力装置为12台主锅炉和4台蒸汽轮机，推进功率为110000千瓦，最大航速27节。以18节速度航行时，续航距离为10000海里。"信浓"号航空母舰的动力与"大和"级战列舰相当，比一般舰队航空母舰的速度低，而续航能力却超过"大和"级战列舰很多，可以满足实战需要。

▶ 舰载飞机

　　"信浓"号航空母舰最初设计搭载65架舰载机，包括38架"烈风"战斗机、18架"流星"攻击机和9架"彩云"侦察机。后期因为作战需要发生改变，又改为20架"烈风"战斗机和27架"流星"攻击机，一共47架舰载机。虽然为了提高整舰的防御能力造成舰载机数量较少，但是这些飞机的性能已经有大幅度的进步，一定程度上弥补了数量的不足。

▶ 十秒速识

　　"信浓"号航空母舰是二战中舰体最大、排水量最重的航空母舰，右舷中央位置有大型岛式舰桥，舰桥的后部有向上排烟的烟囱。

Chapter 3

中型航空母舰

　　中型航空母舰是指排水量在30000～60000吨之间，长度适中的一种航空母舰。中型航空母舰主要能满足中小国家海军和紧急需要，对许多国家来说，中型航空母舰是一种比较折中的选择。

美国"列克星敦"级航空母舰

"列克星敦"（Lexington）级航空母舰是美国海军在二战前建造的大型装甲航空母舰，由"列克星敦"级战列巡洋舰改装而来，一共建造了2艘。

研发历史

"列克星敦"级航空母舰原本是1920年陆续开工的战列巡洋舰。按照1922年签订的《华盛顿海军条约》规定，各缔约国可以利用规定必须废弃的主力舰船体改装2艘33000吨级（加上条约允许改装增加的3000吨，实际上是36000吨）航空母

基本参数	
满载排水量	43746 吨
全长	270.7 米
全宽	32.3 米
吃水	9.3 米
最高航速	33.3 节
最大航程	10000 海里
舰员人数	2790 人

舰。美国因此将停建的"列克星顿"级战列巡洋舰中进度最快的"列克星敦"号和"萨拉托加"号改建成航空母舰，两舰均于1927年年底完工。

"列克星敦"级航空母舰在诞生之时以超过43000吨的满载排水量成为世界各国海军中最大的航空母舰，在美国海军中的这一纪录一直保持到1945年"中途岛"级航空母舰服役。在两次世界大战之间的和平时期，"列克星敦"级航空母舰在美国海军举行的舰队演习中，用来检验航空母舰的战术理论，提供了许多操作使用航空母舰的宝贵经验，尤其是1929年的第九次舰队演习，导致了美国海军以航空母舰为舰队核心的战术出现。二战时，"列克星敦"号在珊瑚海海战被日本舰载鱼雷轰炸机击沉。"萨拉托加"号则在1946年的"十字路口"行动中因核弹爆炸导致舰体撕裂，最终沉没于比基尼环礁。

"列克星敦"号和"萨拉托加"号在夏威夷（1933年）

舰体构造

"列克星敦"级航空母舰的防护装甲与巡洋舰相当，采用封闭舰首，单层机库，拥有2座升降机，全通式飞行甲板长271米，岛式舰桥与巨大而扁平的烟囱设在右舷。由于当时美国工业部门无法拿出可靠的大型齿轮传动系统，因此"列克星敦"级航空母舰采用了在当时十分先进的蒸汽轮机-电动机传动系统，使其成为世界上第一种采用电动传动系统的航空母舰和大型军舰，比日后采用类似传动系统的英国"伊丽莎白女王"级航空母舰早了近百年。

"列克星敦"号在夏威夷茂宜岛

自卫武器

"列克星敦"级航空母舰的上层建筑前后方各有2座双联装203毫米舰炮，用来打击水面目标。事实上，203毫米舰炮在面对敌方巡洋舰时的防御能力极其有限，多年以后才证明无此必要。此外，"列克星敦"级航空母舰还装有12门Mk 10型127毫米高平两用炮，16门Mk 12型127毫米高射炮。

"列克星敦"级航空母舰的双联装 203 毫米舰炮

电子设备

"列克星敦"级航空母舰的舰载电子设备比较简单，主要设备是1部 CXAM-1长波对空搜索雷达，用于舰队防空。该雷达是美国海军第一代对空搜索雷达，在太平洋战争初期发挥了重要作用。

舰载飞机

"列克星敦"级航空母舰可搭载91架舰载机，包括36架F4F"野猫"战斗机、37架SBD"无畏"俯冲轰炸机和18架TBD"蹂躏者"鱼雷轰炸机。

十秒速识

"列克星敦"级航空母舰拥有全通式飞行甲板和封闭舰首，右舷的岛式舰桥比较高大，岛式舰桥后方是巨大扁平的烟囱。

"列克星敦"级航空母舰俯视图

"列克星敦"级航空母舰搭载的 TBD "蹂躏者"鱼雷轰炸机

"列克星敦"号被日本鱼雷轰炸机击中

美国"埃塞克斯"级航空母舰

"埃塞克斯"（Essex）级航空母舰是美国在二战中设计建造的航空母舰，也是美国历史上建造数量最多的舰队航空母舰，一共建造了24艘。

 研发历史

二战爆发前，美国已有5艘航空母舰，但当时战列舰仍被视为海上力量的中坚，航空母舰只是一种海上浮动机场，舰载航空兵的战略、战术以及作用还没有得到广泛认可。随着欧洲战事的爆发和日本扩张与美国的矛盾日益激化，美国深感有加强航空母舰建造的必要，在罗斯福总统的大力支持下，美国国会于1940年6月通过"舰队扩大法案"和"两洋海军法案"，计划于1940财年建造11艘、1941财年建造2艘"埃塞克斯"级航空母舰。珍珠港事件发生后，美国海军战略思想发生变化，美国国会决定加速建造

航空母舰：优先建造"埃塞克斯"级航空母舰，1942年财年再提供10艘、1943年财年提供3艘、1944年提供6艘"埃塞克斯"级航空母舰。1945年3月，因战争已近尾声，"埃塞克斯"级航空母舰有6艘被取消建造。

"埃塞克斯"级航空母舰的首舰于1941年4月28日动工建造，1942年7月31日下水，1942年12月31日正式服役。在建造过程中，"埃塞克斯"级航空母舰的舰体有多次重大改动。太平洋战争中，"埃塞克斯"级航空母舰发挥了非常重要的作用。战后，大部分"埃塞克斯"级航空母舰于20世纪60年代及70年代退役拆解，少数服役至20世纪80年代及90年代。美国保留了4艘作为博物馆舰，另有1艘凿沉为人工鱼礁。

基本参数	
满载排水量	36960 吨
全长	270.7 米
全宽	28.3 米
吃水	8.4 米
最高航速	32.7 节
最大航程	20000 海里
舰员人数	3200 人

"埃塞克斯"级航空母舰侧前方视角

舰体构造

　　"埃塞克斯"级航空母舰吸取了美国以往航空母舰的优点，作战能力进一步提升。舰首、舰尾及左弦外部各设1座升降机，甲板及机库各设1座弹射器。在舰尾与舰首各设有1组拦阻索，能拦阻重量达5.4吨的舰载机。水平装甲设于机库甲板而非飞行甲板，以腾出更多机库空间。该级舰的水下、水平防护和防空火力都有所加强，舰体分隔更多的水密舱室。虽然有多艘"埃塞克斯"级航空母舰在战争中屡遭重创，但从未被击沉。

"埃塞克斯"级航空母舰前方视角

自卫武器

"埃塞克斯"级航空母舰装有4座双联装127毫米舰炮和4门127毫米单装舰炮，均为高平两用，用以对付远距离目标。防空炮方面，在整个战争期间变动较大，各舰不一。第一批"埃塞克斯"级航空母舰建成时，每舰装有8座四联装40毫米博福斯炮（共32

"埃塞克斯"级航空母舰俯视图

门）和46门20毫米厄利空单管炮。到战争后期，"埃塞克斯"级航空母舰上的40毫米博福斯炮增至72门，20毫米厄利空炮增至55门。

电子设备

　　"埃塞克斯"级航空母舰最初配备了1部SK远程对空搜索雷达、1部SC-2远程对空搜索雷达、2部SG水平搜索雷达和2部YE追踪雷达。由于这些雷达无法有效测量高度，令己方舰载机难以掌握敌机高度及动向。之后，"埃塞克斯"级航空母舰将SK雷达升级至SK-2雷达，强化了搜索能力。战争后期，部分"埃塞克斯"级航空母舰又加装了AN/APS-6A雷达，并将之垂直置放，以填补雷达死角。

航行中的"埃塞克斯"级航空母舰

舰载飞机

　　二战时期，"埃塞克斯"级航空母舰的典型舰载机配置为36架F6F"地狱猫"战斗机、37架SB2C"地狱俯冲者"俯冲轰炸机和18架TBF"复仇者"鱼雷轰炸机。

"埃塞克斯"级航空母舰搭载的 SB2C "地狱俯冲者"俯冲轰炸机

十秒速识

　　"埃塞克斯"级航空母舰的岛式上层建筑设在舰体右舷，舰首、舰尾及左弦外部各有1座升降机，岛式上层建筑侧面和舰首甲板上均有舷号数字。

停泊在港口中的"埃塞克斯"级航空母舰

美国"中途岛"级航空母舰

"中途岛"（Midway）级航空母舰是美国在二战中研制的航空母舰，一共建造了3艘，均在二战结束后才正式服役。

研发历史

"中途岛"级航空母舰各舰分别是"中途岛"号（CVB-41）、"富兰克林·罗斯福"号（CVB-42）、"珊瑚海"号（CVB-43）。其中，"中途岛"号于1943年10月27日在纽波特纽斯造船厂动工建造，于1945年3月20日下水，同年9月10日正式服役。"富兰克林·罗斯福"号于1945年10月27日

基本参数	
满载排水量	45000 吨
全长	295 米
全宽	37 米
吃水	10 米
最高航速	33 节
最大航程	15000 海里
舰员人数	4104 人

正式服役，"珊瑚海"号于1947年10月1日正式服役。

　　"中途岛"级航空母舰在美国海军数个历史时期服役，也是美国海军历史上服役期最长的舰艇之一，堪称"三朝元老"。该级舰经历了喷气式舰载机时代的改装，"中途岛"号直到冷战结束仍服役了一段时间，1992年4月11日才退出现役，之后作为博物馆舰保存在加利福尼亚州圣迭戈。而"富兰克林·罗斯福"号和"珊瑚海"号分别于1977年9月30日和1990年4月26日退出现役，退役后均被拆解。

低速航行的"中途岛"级航空母舰

舰体构造

　　与"埃塞克斯"级航空母舰相比，"中途岛"级航空母舰有相当程度的改进。该级舰配备了装甲甲板，有更大的舰体和更低的干舷。不过，"中途岛"级航空母舰仍存在不少缺点，如舰内空间潮湿、拥挤和过于复杂等，而这些缺点一直没有得到解决。该级舰的动力装置为4台威斯汀豪斯蒸汽轮机和12台锅炉，推进功率为158000千瓦。

"中途岛"级航空母舰前方视角

自卫武器

"中途岛"级航空母舰的自卫火力比"埃塞克斯"级航空母舰更强，原计划安装巡洋舰使用的203毫米舰炮，后来发现应该重点防御飞机的攻击，从而增强了防空火力。"中途岛"级航空母舰一共安装了18门127毫米单管舰炮、21门四联装40毫米博福斯防空炮和28门20毫米厄利肯单管防空炮。后期经现代化改装后，该级舰的自卫武器变为10门双联装76.2毫米舰炮、2座八联装"海麻雀"舰对空导弹发射装置和2座"密集阵"近程防御武器系统。

"中途岛"级航空母舰侧前方视角

▌▌▌▷ 电子设备

"中途岛"级航空母舰安装有SPS-49对空搜索雷达、SPS-67水面搜索雷达、SPS-65导航雷达、Mk 115火力控制系统、WLR-1雷达预警系统、WLR-10雷达预警系统等电子设备。

"中途岛"级航空母舰侧面视角

▌▌▌▷ 舰载飞机

从服役初期到20世纪50年代,"中途岛"级航空母舰最多可以搭载130架舰载机。此后,喷气式舰载机逐渐普及,"中途岛"级航空母舰最多可以搭载70架舰载机,包括F/A-18"大黄蜂"战斗/攻击机、EA-6B"徘徊者"电子战飞机、E-2C"鹰眼"预警机、S-3"海盗"反潜机、SH-3"海王"直升机和SH-60"海鹰"直升机等。

"珊瑚海"号航空母舰俯视图

⫸ 十秒速识

　　"中途岛"级
航空母舰的干舷较
低，拥有斜角飞行
甲板，岛式上层建
筑在舰体右舷，上
面标有舷号。

"中途岛"级航空母舰（下）和"黄蜂"级两栖攻击舰（上）

俄罗斯"基辅"级航空母舰

"基辅"（Kiev）级航空母舰是苏联于20世纪70年代建造的一级航空母舰，是苏联发展的第二代航空母舰、第一级搭载固定翼舰载机的航空母舰。

研发历史

由于高层领导人的导弹理念，苏联对航空母舰并不重视，仅注重于弹道导弹潜艇和导弹巡洋舰的发展，虽然在20世纪60年代建造了"莫斯科"级直升机航空母舰，但其并

基本参数	
满载排水量	43500 吨
全长	274 米
全宽	53 米
吃水	10 米
最高航速	32 节
最大航程	8590 海里
舰员人数	1600 人

未达到西方正规航空母舰的水准，且夺取制海权也不能只依靠直升机航空母舰。苏联海军出于战略上的需要，决定建造新一代的可搭载固定翼飞机的航空母舰，由涅夫斯基工程设计局负责设计航空母舰，雅克列夫设计局负责设计舰载机。

20世纪70年代中期，"基辅"级航空母舰诞生，苏联也称其为"战术航空巡洋舰"或"航空巡洋舰"。该级舰共建造了4艘，首舰"基辅"号于1975年1月服役，二号舰"明斯克"号于1978年9月服役，三号舰"诺沃罗西斯克"号于1982年9月服役，四号舰"戈尔什科夫"号于1987年1月服役。"基辅"级航空母舰前三艘均于1993年退出现役，而"戈尔什科夫"号于1994年发生锅炉汽管断裂事故，因此俄罗斯决定将其售与印度海军。

"基辅"级航空母舰侧前方视角

舰体构造

"基辅"级航空母舰的飞行甲板长195米、宽20.7米。与美国和英国航空母舰"拼命腾出空间停飞机"的设计理念不同，"基辅"级航空母舰的甲板

面积中仅有60%作为飞机起飞停放之用。为对应垂直起降舰载机的起飞要求
（发动机喷气口需要垂直向下，喷出高温气体以提供起飞动力），飞机起飞
点均使用了特别研制的甲板热防护层。在建造四号舰时，为了提高飞机起
降的安全性，甲板以上建筑的长度被缩短，形状也有所改变。"基辅"级航
空母舰有2座升降机，分别安装在舰桥左侧和舰桥后方。

"基辅"级航空母舰俯视图

自卫武器

与西方国家的航空母舰不同，"基辅"级航空母舰本身就拥有强大的火力，安装有标准的巡洋舰武器，对舰载机依赖性较小。"基辅"级航空母舰具备对舰、对潜、对空的全方位打击火力，主要武器包括4座双联装P-500"玄武岩"反舰导弹发射装置、2座双联装M-11"施托姆"舰对空导弹发射装置、2座双联装9K33"奥萨"舰对空导弹发射装置、2座双联装76.2毫米防空炮、8座AK-630型30毫米近防炮、2座五联装鱼雷发射管、1座双联装SUW-N-1反潜火箭发射器等。

"基辅"级航空母舰的双联装 M-11 "施托姆"舰对空导弹发射装置

电子设备

"基辅"级航空母舰配备了MR-320"双支柱"对空搜索雷达、"板舵"对空/对海搜索雷达、"棕榈叶"导航雷达、"陷阱门"制导雷达、"头灯C"制导雷达、"汽枪群"制导雷达、"枭鸣"炮瞄雷达、"低音帐篷"炮瞄雷达、"十字剑"制导雷达、"盐罐"敌我识别系统、"马颚"舰壳声呐、"马尾"拖曳声呐等电子设备。

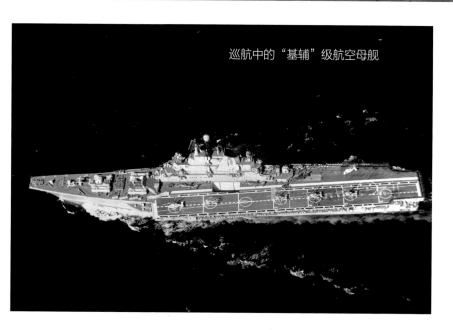

巡航中的"基辅"级航空母舰

舰载飞机

　　"基辅"级航空母舰通常搭载33架舰载机，包括12架雅克-38"铁匠"战斗机，以及21架卡-25或卡-27直升机（多数用于反潜，少数用于超视距引导）。不过，由于"基辅"级航空母舰的左侧甲板过短，雅克-38战斗机实际上只能垂直起降，对甲板破坏极大，加上事故频发，最终被迫下舰，使得"基辅"级航空母舰实际上又沦为直升机航空母舰。

"基辅"级航空母舰上停放的卡-25直升机

十秒速识

　　"基辅"级航空母舰的前甲板安装有重型舰载导弹装备，左侧飞行甲板则是搭载垂直短距起降飞机和直升机的区域。

"基辅"级航空母舰尾部视角

英国"怨仇"级航空母舰

　　"怨仇"（Implacable）级航空母舰是英国在二战中建造的航空母舰，一共建造了2艘，在1944—1956年服役。

研发历史

　　作为"光辉"级航空母舰的第二期改进型，2艘"怨仇"级航空母舰在"光辉"号航空母舰开工30个月后动工建造，并在

基本参数	
满载排水量	32630 吨
全长	233.4 米
全宽	29.2 米
吃水	8.9 米
最高航速	32.5 节
最大航程	12000 海里
舰员人数	2300 人

一开始就计划部署于太平洋。首舰"怨仇"号（HMS Implacable）于1939年2月21日开工，1942年12月10日下水，1944年8月28日服役，1954年9月1日退役，1955年出售解体。二号舰"不倦"号（HMS Indefatigable）于1939年11月3日开工，1942年12月8日下水，1944年5月3日服役，1954年9月1日退役，1956年出售解体。

"怨仇"级航空母舰通过加拿大狮门大桥

舰体构造

　　"怨仇"级航空母舰在"光辉"级航空母舰的基础上做了较大的改进，

第二层机库加长，增加了装甲。但与"光辉"级航空母舰一样，"怨仇"级的机库高度不足，无法使用体积更大的喷气式飞机，如果进行现代化改装，成本又过于高昂，这也是"怨仇"级航空母舰服役时间不长的原因。

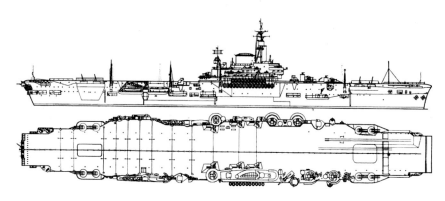

"怨仇"级航空母舰结构图

自卫武器

"怨仇"级航空母舰的自卫武器为8座双联装114毫米舰炮、5座八联装2磅防空炮、1座四联装2磅防空炮、4门40毫米博福斯防空炮和55门20毫米厄利空防空炮。

"怨仇"级航空母舰右舷视角

动力装置

"怨仇"级航空母舰的动力装置为4台"帕森斯"蒸汽轮机和8台"海军部"式三鼓重油锅炉，推进功率为110000千瓦。以10节速度航行时，"怨仇"级航空母舰的续航距离为12000海里。

"怨仇"级航空母舰前方视角

舰载飞机

"怨仇"级航空母舰最多可以搭载81架舰载机，主要机型包括"海喷火"战斗机（或F6F"地狱猫"战斗机）和TBM"复仇者"鱼雷攻击机。

"怨仇"级航空母舰在新西兰惠灵顿港

十秒速识

"怨仇"级航空母舰拥有封闭式舰首和全通式飞行甲板，整体舰岛将烟囱包含在内。

停泊在港口中的"怨仇"级航空母舰

法国"克莱蒙梭"级航空母舰

"克莱蒙梭"（Clemenceau）级航空母舰是法国自行建造的第一级航空母舰，一共建造了2艘，目前都已经从法国海军退役。

 研发历史

"克莱蒙梭"级航空母舰以乔治·克莱蒙梭（1841年9月28日到1929年11月24日）

基本参数	
满载排水量	32780 吨
全长	265 米
全宽	51.2 米
吃水	8.6 米
最高航速	32 节
最大航程	7500 海里
舰员人数	1338 人

"克莱蒙梭"级航空母舰前侧方视角

的名字命名，他是一位法国政治家和新闻工作者，曾两次出任法国总理。
该级舰的建造计划于1952年提出，首舰"克莱蒙梭"号于1955年11月开工，
1961年11月服役。二号舰"福煦"号于1957年2月开工，1963年7月服役。

　　在服役期间，"克莱蒙梭"级航空母舰进行了多次改装，"克莱蒙梭"
号于1977年11月至1978年11月，"福煦"号于1980年7月至1981年8月进行了

"克莱蒙梭"级航空母舰侧后方视角

第一次大型改装。20世纪80年代中后期，两舰又先后进行了第二次大改。"克莱蒙梭"号于1997年7月退役，"福煦"号也于2000年提早退役并低价出售给巴西海军。

舰体构造

"克莱蒙梭"级航空母舰曾是世界上唯一能起降固定翼飞机的中型航空母舰，具有与美国大型航空母舰相同的斜角甲板和相应设备。该级舰的飞行甲板长259米，宽51.2米，分为两个部分：一部分是舰首的轴向甲板，长90米，设有1部BS5蒸汽弹射器，可供飞机起飞；另一部分是斜角甲板，长163米，宽30米，甲板斜角为8度，设有1部BS5蒸汽弹射器和4道拦阻索，既可供飞机起飞，又可供飞机降落。"克莱蒙梭"级航空母舰的右舷上层建筑前后各有1部16×12米的升降机。该级舰的机库长180米，宽24米，高7米，总面积为4320平方米，分隔成3个库区。

"克莱蒙梭"级航空母舰前方视角

自卫武器

　　"克莱蒙梭"级航空母舰建成时的自卫武器为8门100毫米自动舰炮，后来改装时用2座八联装"响尾蛇"防空导弹发射装置取代了其中4门舰炮。

"克莱蒙梭"级航空母舰侧前方视角

电子设备

　　"克莱蒙梭"级航空母舰的电子设备主要有1部DRBV-23B对空搜索雷达、2部DRBI-10对海搜索雷达、1部DRBV-15对海搜索雷达、1部1226导航雷达、1部NRBA-51助降雷达和2部DRBC-32B/C火控雷达等。

舰载飞机

　　"克莱蒙梭"级航空母舰最多可以搭载40架各类舰载机，典型配置为10架F-8"十字军"战斗机，16架"超军旗"攻击机，3架"军旗Ⅳ"攻击机，7架"贸易风"反潜机和4架"云雀Ⅲ"直升机。"克莱蒙梭"级航空母舰也可执行两栖作战任务，这种情况下可装载30～40架大型直升机和1个齐装满员的陆战营，也可混合装载18架大型直升机和18架攻击机。

"克莱蒙梭"级航空母舰侧前方视角

"克莱蒙梭"级航空母舰俯视图

"克莱蒙梭"级航空母舰的大小相当于二战时美国海军的"埃塞克斯"级航空母舰，拥有倾斜度8度的斜形飞行甲板，烟囱与岛式上层建筑融合在一起。

"克莱蒙梭"级航空母舰在港湾内航行

法国"夏尔·戴高乐"号航空母舰

"夏尔·戴高乐"（Charles de Gaulle）号航空母舰是目前法国海军仅有的一艘航空母舰，也是世界上唯一非美国海军所属的核动力航空母舰，从2001年服役至今。

研发历史

早在20世纪70年代中期，法国就已经开始计划建造下一代航空母舰，用以取代"克莱

基本参数	
满载排水量	42500 吨
全长	261.5 米
全宽	64.4 米
吃水	9.4 米
最高航速	27 节
最大航程	接近无限
舰员人数	1950 人

蒙梭"级常规动力航空母舰，但新舰的龙骨直到1989年4月才安放。由于冷战结束和法国财政困难等原因，"夏尔·戴高乐"号航空母舰的工期一再延误，直到1994年5月才下水。2001年5月，"夏尔·戴高乐"号航空母舰正式服役，母港为法国土伦。

港口中的"夏尔·戴高乐"号航空母舰

　　传统上，法国海军会采取同时拥有2艘航空母舰的编制，以确保纵使在其中一艘进厂维修时，还有另一艘可以值勤。然而，由于"夏尔·戴高乐"号航空母舰的造价过于昂贵，法国政府并没有兴建另一艘同级舰。

舰体构造

　　"夏尔·戴高乐"号航空母舰在设计时考虑到了隐身性能，舰体设计十分强调防护能力。该舰拥有完全符合北约标准的核生化防护能力，舰上绝大部分舱室都采用气密式结构。与美国的核动力航空母舰一样，"夏尔·戴高乐"号航空母舰也采用全通式斜角飞行甲板，而不采用欧洲航空母舰常见的"滑跃"式甲板设计。

　　受限于法国船厂、船坞设施的尺寸，"夏尔·戴高乐"号航空母舰的水线长度与宽度都与"克莱蒙梭"级航空母舰相仿，主要是靠着增加飞行甲板的外扩来增加可用面积。由于吨位仅有美国同类舰只的一半，所以"夏尔·戴高乐"号航空母舰配备了2座弹射器，而美军的核动力航空母舰通常为4座。"夏尔·戴高乐"号航空母舰的纵向摇晃被控制在0.5度以内，在六级海况下仍能让25吨级舰载机起降，以20节航速、30度舵角转弯时，舰体仅倾斜1度，这种表现较美国100000吨级的"尼米兹"级航空母舰毫不逊色。

"夏尔·戴高乐"号航空母舰左舷视角

"夏尔·戴高乐"号航空母舰右舷视角

自卫武器

"夏尔·戴高乐"号航空母舰只配备了短程防空自卫武器，最主要的装备是由ARABEL相控阵雷达以及垂直发射"阿斯特15"（Aster 15）短程防空导弹组成的SAAM/F防空系统。舰上共有4组八联装席尔瓦A-43发射模块（2组位于右舷前段停机坪外侧，2组位于左舷飞行甲板中段外侧），

"夏尔·戴高乐"号航空母舰发射"阿斯特15"导弹

装填32枚"阿斯特15"导弹。除了SAAM/F防空系统外，"夏尔·戴高乐"号航空母舰还有2座六联装"萨德拉尔"（Sadral）短程防空导弹发射装置以及8门20毫米机炮。

电子设备

　　"夏尔·戴高乐"号航空母舰拥有先进的作战系统以及侦测/电子战系统。在作战系统方面，该舰使用的是法国汤姆森CSF公司新型的Senit 8系统，能同时追踪2000个目标，并全自动连接所有侦测装备与武装进行接战。其他电子装备包括1部DRBV-26D长程对空搜索雷达、1部DRBV-15C"海虎"E/F频平面搜索雷达、2部雷卡1229 型DRBN-34A导航雷达、2部萨基姆Vigy-105光电侦测仪以及2部"吸血鬼"红外线侦搜系统等。

"夏尔·戴高乐"号航空母舰侧后方视角

舰载飞机

　　"夏尔·戴高乐"号航空母舰最多能容纳40架舰载机，正常编制包括24架"阵风M"战斗机（必要时可增至30架以上）、4架E-2预警机，以及5～6架直升机（AS-365"海豚"直升机、SA 316"云雀Ⅲ"直升机、NFH-90直升机）。"夏尔·戴高乐"号航空母舰的2座弹射器交互使用时，每30秒就可让1架舰载机起飞，并在12分钟内让20架舰载机降落。

"夏尔·戴高乐"号航空母舰搭载的"阵风 M"战斗机

十秒速识

　　"夏尔·戴高乐"号航空母舰采用全通式斜角飞行甲板，飞行甲板的外扩幅度较大，位于舰体右舷的舰岛为一外悬式建筑。

"夏尔·戴高乐"号航空母舰俯视图

巴西"圣保罗"号航空母舰

　　"圣保罗"（São Paulo）号航空母舰原是法国"克莱蒙梭"级航空母舰的二号舰"福煦"号，2000年巴西海军购买后将其改名。

研发历史

　　20世纪80年代末，法国在建造新一代航空母舰"夏尔·戴高乐"号时，进度延误所造成的损失成为法国财政上的一个巨大黑洞，为了筹措不断超支的建造费用，法国不得不考虑提前将现役的"福煦"号航空母舰（"克莱蒙梭"级航空母舰的二号舰，1963年7月开始服役）出售。

基本参数	
满载排水量	32800 吨
全长	265 米
全宽	51.2 米
吃水	8.6 米
最高航速	32 节
最大航程	7500 海里
舰员人数	1338 人

此时，巴西在多次改装购自英国的"米纳斯吉拉斯"号轻型航空母舰的同时，也在积极寻求购买中型航空母舰，以适应当前及未来一段时间的需要。2000年11月，法国低价向巴西出售"福熙"号。2001年2月1日，"福熙"号离开法国驶向巴西，巴西随后对其进行改装并改名为"圣保罗"号。2017年2月14日，因舰体老化严重，巴西海军宣布"圣保罗"号退役。

"圣保罗"号航空母舰在港湾内航行

舰体构造

"圣保罗"号航空母舰具有与美国大型航空母舰相同的斜角甲板和相应设备。该舰的飞行甲板分为两个部分：一部分是舰首的轴向甲板，长90米，设有1部BS5蒸汽弹射器，可供飞机起飞。另一部分是斜角甲板，长163米、宽30米，甲板斜角为8度，设有1部BS5蒸汽弹射器和4道拦阻索，既可供飞机起飞，又可供飞机降落。在右舷上层建筑前后各有1部升降机。

"圣保罗"号航空母舰侧前方视角

低速航行的"圣保罗"号航空母舰

自卫武器

"圣保罗"号航空母舰的自卫武器为2座八联装"响尾蛇"防空导弹发射装置、2座六联装"西北风"近程防空导弹发射装置，以及4门100毫米自动舰炮。

"圣保罗"号航空母舰（下）与美国海军"尼米兹"级航空母舰（上）

电子设备

"圣保罗"号航空母舰配备了DRBV-23B对空搜索雷达、DRBV-50对海搜索雷达、DRBI-10对海搜索雷达、NRBA-50进场雷达、DRBC-31 火力控制雷达、DRBN-34导航雷达等电子设备。

舰载飞机

原"福煦"号航空母舰的配套机种是F-8"十字军"战斗机和"超军旗"攻击机，改装为"圣保罗"号后的舰载机则改为A-4攻击机、C-1运输机以及S-70B反潜直升机。

"圣保罗"号航空母舰侧前方视角

"圣保罗"号航空母舰搭载的 A-4 攻击机

十秒速识

　　"圣保罗"号航空母舰拥有全通式斜角飞行甲板，岛式上层建筑位于舰体右舷，烟囱与岛式上层建筑融合在一起。

"圣保罗"号航空母舰（上）与补给舰（下）编队航行

印度"维兰玛迪雅"号航空母舰

　　"维兰玛迪雅"（Vikramaditya）号航空母舰原本是俄罗斯"基辅"级航空母舰的四号舰"戈尔什科夫"号，后出售给印度海军，2013年11月开始服役。

研发历史

　　"基辅"级航空母舰是苏联于20世纪70年代建造的一级航空母舰，是苏联发展的第二代航空母舰。"基辅"级航空母舰的最后

基本参数	
满载排水量	45400 吨
全长	283.5 米
全宽	59.8 米
吃水	10.2 米
最高航速	30 节
最大航程	13500 海里
舰员人数	1610 人

一艘是"巴库"号，苏联解体后被俄罗斯海军重新命名为"戈尔什科夫"号。1994年，"戈尔什科夫海军上将"号发生锅炉爆炸意外，当时的俄罗斯海军无钱维修而决定出售。

1999年1月，印度与俄罗斯开始交涉。2004年，双方达成协议，将"戈尔什科夫"号航空母舰给予印度，但由印度支付改装费用，俄罗斯负责将其改造以便在舰上起降米格-29K战斗机。

停泊在港口中的"维兰玛迪雅"号航空母舰

该舰原计划2008年交付印度海军，但由于种种原因一再延误，直到2013年11月16日才最终交付，并重新命名为"维兰玛迪雅"号。维兰玛迪雅原是指古印度笈多王朝第三位君主旃陀罗·笈多二世（也称超日王），因此"维兰玛迪雅"号也被译为"超日王"号。

舰体构造

"戈尔什科夫"号卖给印度后，改造重点是将舰首的武器全部拆除，把它变成了"滑跃"式甲板以便米格-29K战斗机起飞。斜向甲板加上了3条阻拦索，以便米格-29K战斗机顺利降落。此外，飞行甲板面积有所增大，舰上原有的动力系统也经过大幅整修，换装由波罗的海造船厂新造的锅炉，燃料改为柴油，不过整体推进系统设计没有重大变更。整体来说，改造后的"维兰玛迪雅"号就是一艘缩小版的"库兹涅佐夫"号航空母舰。

自卫武器

"维兰玛迪雅"号航空母舰的自卫武装完全重新配置，防空武器是以色列制造的"闪电"短程防空导弹和俄罗斯制造的"卡什坦"近程防御武器系统。

电子设备

"维兰玛迪雅"号航空母舰拆除了原本的"天空哨兵"相控阵雷达，原本主桅杆顶部的"顶板"三维对空雷达则被保留。另外，还增设了1部大型三维对空扫描雷达。为了容纳必须的天线设备，"维兰玛迪雅"号上层建筑后方右舷的位置增设了1座桅杆。

"维兰玛迪雅"号航空母舰俯视图

"维兰玛迪雅"号航空母舰侧前方视图

舰载飞机

　　"维兰玛迪雅"号航空母舰能搭载24架米格-29K战斗机与6架卡-29直升机，或者是13架MiG-29K战斗机和21架卡-29直升机的组合，其飞行甲板在操作时最多可停放13架米格-29K战斗机。

"维兰玛迪雅"号航空母舰俯视图

⫸ 十秒速识

　　与原"戈尔什科夫"号相比，"维兰玛迪雅"号航空母舰的飞行甲板的结构与布局大幅变更，左舷追加斜角甲板，右舷甲板也向外延伸，飞行甲板后端设置了3组拦阻索。

"维兰玛迪雅"号航空母舰侧后方视角

印度"维克兰特"号航空母舰

　　"维克兰特"（Vikrant）号航空母舰是印度自行研制的第一艘航空母舰，舰名是为了纪念印度从英国采购的同名航空母舰。该舰于2009年2月动工建造，计划于2020年入役。

研发历史

　　21世纪初，由于印度购自俄罗斯的"维兰玛迪雅"号航空母舰的升级工作一再延误，且改造费用不断攀升。因此，印度自行建造航空母舰的工程正式上马，即"维克兰特"号航空母舰，但其进展并不顺利，工期一再延误。2011年12月29日，"维克兰特"号在国营科钦造船厂出坞"下水"。不过，该舰此次下水是为了把船坞让给其他船舶的建

基本参数	
满载排水量	40000 吨
全长	262 米
全宽	60 米
吃水	8.4 米
最高航速	28 节
最大航程	8000 海里
舰员人数	1645 人

造，由于它的齿轮箱、发电机和管道还未安装，所以之后又再次入坞。

　　2013年8月，"维克兰特"号正式下水。根据各国军工企业发布的公开信息，"维克兰特"号航空母舰的燃气轮机、螺旋桨、升降机，以及相控阵雷达、指挥控制系统、卫星通信、惯性导航、电子对抗等关键部分，都是从外国引进。截至2014年，"维克兰特"号的建造费用已经上升至29亿美元，预计将于2020年正式交付。

刚刚下水的"维克兰特"号航空母舰

舰体构造

　　"维克兰特"号航空母舰的舰体长260米，宽60米，高度相当于14层建筑，共有5层甲板，最上层为飞行甲板，其次是机库甲板，下面还有两层甲板和底层的支撑甲板。飞行甲板上设有2条约200米长的跑道，一条为专供飞机起飞的"滑跃"式跑道，另一条为安装有3条拦阻索的着舰跑道。

"维克兰特"号航空母舰侧前方视角

▌▌▌▌★ 自卫武器

　　"维克兰特"号航空母舰的自卫武器为2组三十二联装"巴拉克"导弹垂直发射系统、4门奥托布雷达76毫米高平两用舰炮和AK-630型30毫米近防炮（数量不详）。

船坞中的"维克兰特"号航空母舰

▌▌▌▌★ 电子设备

　　"维克兰特"号航空母舰配备了RAN-40L型C波段雷达，该雷达由意大利塞莱克斯公司研制，能够利用有源电子扫描阵列天线提供火力控制和监视功能。这种雷达安装在一个集成的桅杆上，配备4套固定天线，能够提供360度全方位覆盖范围（每套天线提供90度）。

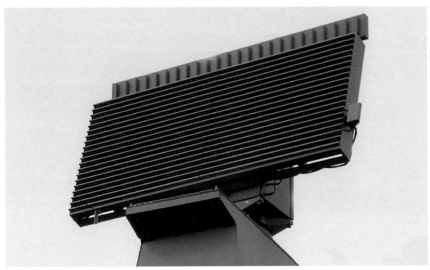

RAN-40L 型 C 波段雷达的天线

舰载飞机

"维克兰特"号航空母舰最多可搭载30架舰载机，其中17架可存放在机库内。该舰预计可搭载的舰载机有米格-29K战斗机、"光辉"战斗机、卡-31直升机、WS-61"海王"直升机和"北极星"直升机等。

十秒速识

"维克兰特"号航空母舰拥有全通式斜角飞行甲板，2座升降机分别位于岛式上层建筑的两侧。固定式主桅位于2座封闭式烟囱排气口后方，固定式主桅中

"维克兰特"号航空母舰计划搭载的米格 -29K 战斗机

间高度上装有小型球面整流罩，雷达天线位于其顶端。

尚未安装岛式上层建筑的"维克兰特"号航空母舰

日本"赤城"号航空母舰

"赤城"（Akagi）号航空母舰是日本在二战中以战列巡洋舰改装而来的航空母舰，参加了太平洋战争初期重要的海战，后于中途岛海战中被击沉。

研发历史

根据1919年日本拟订的"八八舰队"计划，"赤城"号于1920年12月6日作为战列巡洋舰在吴海军船厂开工建造，属于"天城"级战列巡洋舰的二号舰。1922年《华盛顿海军条约》签订时，该舰虽已完成舰体工程，但仍因已超过日本所允许的保有量而必须拆解。1922年11月9日，日本决

基本参数	
满载排水量	42000 吨
全长	260.67 米
全宽	31.32 米
吃水	8.71 米
最高航速	31.5 节
最大航程	10000 海里
舰员人数	1630 人

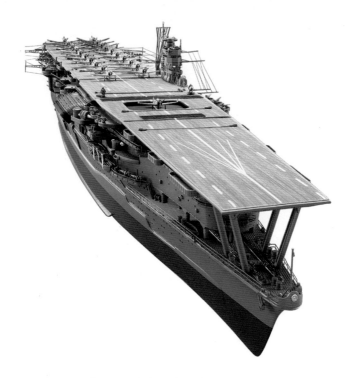

定将停建的"赤城"号改造成航空母舰。

　　"赤城"号于1925年4月2日下水，1927年3月27日竣工，编入横须贺镇守府服役。由于舰载机的发展迅速，20世纪20年代航空母舰的设计逐渐无法满足操作要求，因此"赤城"号从1935年开始进行了为期3年的现代化改装。二战爆发后，"赤城"号出任第一机动部队的旗舰，由南云忠一中将坐镇指挥。在珍珠港事件中，"赤城"号搭载的航空战队创下击沉5艘战列舰的纪录。之后，"赤城"号作为日本第1航空战队旗舰，先后参与拉包尔空袭、达尔文港空袭、印度洋海战，最后在中途岛海战中被击沉。

▌▌▌▶ 舰体构造

　　"赤城"号由于在改造时已事先完成舰体的建造工程，导致只能以原先战列巡洋舰的舰体为基础搭建其他航空母舰的必备结构。该舰采用三段飞行甲板设计，甲板呈阶梯状分为三层，上层是起降两用甲板，而其前端下

建造中的"赤城"号航空母舰

方是横跨舰体两舷的舰桥。中下两层与双层机库相接可供飞机直接起飞，中层甲板供小型飞机起飞，下甲板层较常供大型飞机起飞，但因中层飞行甲板的机库门口前方两侧各有1座炮台，不利于舰载机的起飞，最后将其封起来而未作为舰载机起飞使用。为了消除烟囱排烟对飞机降落造成的不良影响，横卧式烟囱向下弯曲伸向舷外。

在20世纪30年代进行的现代化改装中，"赤城"号取消了不实用的中下两层飞行甲板，并将其改为机库，使得标准载机量增至66架。上层飞行甲板改为全通式，一直延伸至舰首用立柱支撑。舰桥改成岛式，并考虑航空母舰编队并行时便于各自的飞机起飞、降落，特别的安装于舰体左舷。

自卫武器

"赤城"号航空母舰的自卫武器为6门三年式200毫米单装舰炮、6座双联装十年式120毫米防空炮和14座双联装25毫米舰炮。

"赤城"号航空母舰的舰桥

动力装置

　　"赤城"号航空母舰的动力装置为4台舰本式蒸汽轮机和19台舰本式重油锅炉，推进功率为99000千瓦。以16节速度航行时，"赤城"号航空母舰的续航距离为10000海里。

"赤城"号航空母舰侧面视角

"赤城"号航空母舰在伊予市附近海域进行海试

舰载飞机

　　"赤城"号航空母舰通常搭载66架舰载机，包括21架"零"式舰载战斗机、18架九九式舰载轰炸机和27架九七式舰载攻击机。此外，"赤城"号航空母舰还可额外搭载25架备用舰载机。

十秒速识

　　"赤城"号航空母舰最初的飞行甲板呈阶

满载舰载机的"赤城"号航空母舰

梯状分为三层，后改为全通式飞行甲板。右舷的横卧式烟囱向下弯曲伸向舷外。

"赤城"号航空母舰俯视图

 日本"加贺"号航空母舰

"加贺"（Kaga）号航空母舰是日本在二战中以战列巡洋舰改装而来的航空母舰，参加了太平洋战争初期的多场海战，最后在中途岛战役中被击沉。

研发历史

根据1919年日本拟订的"八八舰队"计划，"加贺"号战列舰于1920年7月19日动工

基本参数	
满载排水量	43600 吨
全长	247.65 米
全宽	32.5 米
吃水	9.48 米
最高航速	28 节
最大航程	10000 海里
舰员人数	1708 人

建造，1921年11月17日下水。1922年《华盛顿海军条约》签订后，日本决定将计划中的"天城"级战列巡洋舰改装为航空母舰，"加贺"级战列舰则因舰体粗短不适合改装，被列为废舰。但1923年9月关东大地震发生时，正在进行航空母舰改造工作的"天城"号从船台滑落，龙骨遭到无法修复的破坏。因此"加贺"号接替"天城"号的份额改造为航空母舰。舰体工程仍在原先川崎造船厂继续进行，同年12月13日改由横须贺海军工厂负责改造工作，最后于1928年3月31日完工，编入横须贺镇守府服役。

停泊在港口中的"加贺"号航空母舰

　　1934年6月至1935年10月，"加贺"号也进行了与"赤城"号相似的现代化改装。之后，"加贺"号被编入第2航空战队，随后又转调至第1航空战队。在珍珠港事件中，"加贺"号上的舰载机进行了两波攻击，共损失15架。之后，"加贺"号曾参加拉包尔、卡维恩和达尔文港等地的空袭行动，最后在中途岛海战中被击沉。

舰体构造

　　"加贺"号航空母舰的布局形式与"赤城"号航空母舰相似，也采用三段式三层飞行甲板。与"赤城"号不同的是，"加贺"号的横卧式烟囱延伸到舰尾附近。因"赤城"号的改造经验认为设在右舷的烟囱排烟会影响舰载机的起降，故"加贺"号在左右两舷装设巨大排烟管，试图将烟引至舰尾排放，但却引发甲板与住舱邻近区域的高热问题，同时引导到舰尾的废气仍然会干扰降落作业，因此这项设计是失败的。

　　在20世纪30年代的现代化改装中，"加贺"号的横卧式烟囱改成直接伸向舷外往海面大幅弯曲的样式，取消了不实用的中下两层飞行甲板，改装了全通式飞行甲板，飞行甲板延伸至舰首用立柱支撑。在飞行甲板前方预留了弹射器装设空间，但直到"加贺"号被击沉之时日本的弹射器仍未研

"加贺"号航空母舰侧前方视角

发完成。岛式舰桥设在舰体右舷，以便与"赤城"号（岛式舰桥设在舰体左舷）编队并行时不会影响各自的舰载机起降。

自卫武器

"加贺"号航空母舰的自卫武器为10门200毫米舰炮、8座双联装八九式127毫米防空炮和22门25毫米舰炮。

"加贺"号航空母舰侧面视角

动力装置

"加贺"号航空母舰的动力装置是由川崎重工制造、英国设计的柯蒂斯-布朗式蒸汽涡轮机，未改装前的预计航速为26.5节，改装成航空母舰后，因舰体重量减轻，最高航速也提高到28节。该舰的锅炉采用舰政本部式锅炉，其中8部专烧重油，4部油煤混烧。

"加贺"号航空母舰俯视图

舰载飞机

　　"加贺"号航空母舰最多可以搭载90架舰载机，包括72架常用舰载机和18架备用舰载机，具体机型为"零"式舰载战斗机、九七式舰载攻击机和九九式舰载轰炸机。

"加贺"号航空母舰搭载的舰载机

十秒速识

"加贺"号航空母舰的左右两舷安装有巨大的排烟管，最初是从侧舷延伸到舰尾，后期改为直接伸向舷外往海面大幅弯曲的样式。岛式舰桥设在舰体右舷。

排烟管从侧舷延伸到舰尾的"加贺"号航空母舰

日本"翔鹤"级航空母舰

"翔鹤"（Shōkaku）级航空母舰是日本在二战中建造的航空母舰，共建造了2艘。

研发历史

1936年，日本退出第二次伦敦海军条约，开始积极扩张海军力量。翌年，日本

基本参数	
满载排水量	32105 吨
全长	257.5 米
全宽	29 米
吃水	9.32 米
最高航速	34.5 节
最大航程	9700 海里
舰员人数	1660 人

在"03造舰补充计划"中拨款建造2艘"翔鹤"级航空母舰。一号舰"翔鹤"号于1937年12月12日在横须贺海军工厂动工建造，1939年6月1日下水，1941年8月8日竣工，编入吴镇守府籍。二号舰"瑞鹤"号于1938年5月25日在川崎重工神户造船厂动工建造，1939年11月27日下水，1941年9月25日开始服役。"翔鹤"号和"瑞鹤"号均在1944年被美军击沉。

刚刚完工的二号舰"瑞鹤"号

舰体构造

"翔鹤"级航空母舰可以看作"飞龙"号航空母舰的扩大改进型,加装了防护装甲,具有很高的干舷。该舰飞行甲板长242米,设双层机库,3部升降机,配备2组拦阻索,分别位于舰首与舰尾,舰上没有装备弹射器。舰体右舷中部设有向下弯曲的横卧式烟囱,极具日本特色。由于之前航空母舰将岛式舰桥置于舰体左舷的设计并不实用,"翔鹤"级的岛式舰桥改在舰体右舷。

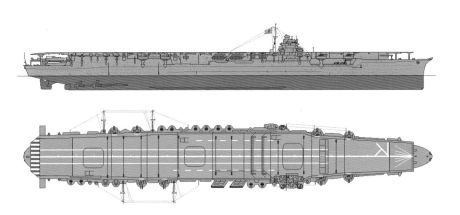

"翔鹤"级航空母舰结构图

自卫武器

"翔鹤"级航空母舰的自卫武器为8座双联装八九式127毫米舰炮和12座三联装九六式25毫米舰炮(战争中增加到20座三联装九六式25毫米舰炮和36门25毫米单装舰炮)。

动力装置

"翔鹤"级航空母舰的动力装置为4台舰本式蒸汽轮机和8台舰本式重油专烧锅炉,推进功率达120000千瓦。以18节速度航行时,"翔鹤"级航空母舰的续航距离为9700海里。

"翔鹤"级航空母舰的双联装八九式 127 毫米舰炮

舰载飞机

　　"翔鹤"级航空母舰通常搭载72架常用舰载机和12架备用舰载机，包括20架"零"式舰载战斗机（18架常用，2架备用）、32架九七式舰载攻击机（27架常用，5架备用）和32架九九式舰载轰炸机（27架常用，5架备用）。

九七式舰载攻击机降落在"翔鹤"级航空母舰上

十秒速识

　　"翔鹤"级航空母舰采用球鼻首，水线下舰首向两侧略微凸起，从正面看形似水滴。舰尾中心线上布置了主副两部半平衡舵，副舵在前，主舵在后。

"翔鹤"级航空母舰侧面视角

日本"大凤"号航空母舰

　　"大凤"（Taihō）号航空母舰是日本在二战中建造的航空母舰，曾作为机动部队的旗舰参加战斗，是日本在二战中最后完工的一艘正规航空母舰。

基本参数	
满载排水量	37870 吨
全长	260.6 米
全宽	27.4 米
吃水	9.6 米
最高航速	33.3 节
最大航程	10000 海里
舰员人数	1751 人

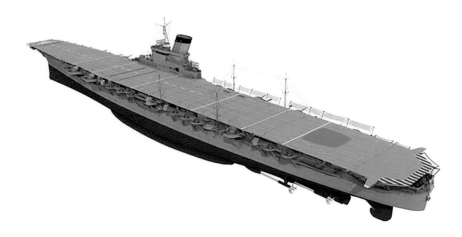

研发历史

　　20世纪30年代，限制海军军备的《华盛顿海军条约》在1936年12月到期失效，进入了所谓无条约制约时期，世界各海军强国开始了军备竞赛。日本以美国为对手实施造舰计划。1939年，日本开始实施"第四次舰艇补充计划"，计划中包括建造1艘航空母舰。日本按计划建造了"大凤"号航空母舰，与其他日本航空母舰不同的是，"大凤"号主要在舰队中担任支援其他航空母舰作战的任务，并不强调舰载机数量，而是将防护性能摆在首位，重点要求提高防御力。

"大凤"号航空母舰侧面视角

　　"大凤"号航空母舰于1941年7月10日动工建造，于1943年4月7日下水，1944年3月7日竣工。1944年6月19日，"大凤"号航空母舰在菲律宾海海战中遭到美国海军潜艇攻击，因油管破损造成油气外泄，之后因不明原因发生爆炸，最终沉没。

舰体构造

"大凤"号航空母舰是日本第一艘采用装甲飞行甲板的航空母舰，飞行甲板上铺设厚75毫米装甲，其下还有20毫米特种钢板，可抵抗500千克炸弹的轰炸。在此前的日本航空母舰的飞行甲板缺少装甲防护，俯冲轰炸机攻击时仅1颗炸弹就可以使航空母舰失去战斗力。为加强结构强度，飞行甲板中部没有设置升降机。舷侧防护装甲由上部（185毫米）向下逐渐变薄（70毫米），水线以下防护装甲采用倾斜布置。

为了防止飞行甲板以及结构重量增加引起整艘船的重心上升，"大凤"号航空母舰的干舷比"翔鹤"级航空母舰低1.7米，飞行甲板前端舰首及舰体机库中、前部侧面设计同英国"光辉"级航空母舰一样采用全封闭式，以抵御恶劣海况大浪的损害。以往日本航空母舰设计了舷侧伸出向下弯曲的烟囱，"大凤"号航空母舰改为与舰桥一体化的舰岛（位于右舷）结构，直立式烟囱在舰岛顶部向外倾斜26度，以减轻烟囱排烟对飞行作业的影响。

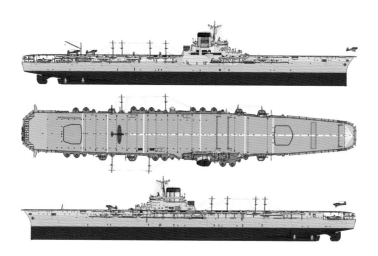

"大凤"号航空母舰结构图

▶ 自卫武器

"大凤"号航空母舰的自卫武器为6座双联装100毫米防空炮、17座三联装25毫米防空炮。

▶ 动力装置

"大凤"号航空母舰的动力装置为4台舰本式蒸汽轮机和8台舰本式重油专烧锅炉，推进功率为120000千瓦。以18节速度航行时，"大凤"号航空母舰的续航距离为10000海里。

▶ 舰载飞机

"大凤"号航空母舰设有两层机库，配备了一前一后2座升降机。该舰设计搭载84架舰载机，实际作战时通常搭载53架舰载机，包括24架"烈风"舰载战斗机、25架"流星"舰载攻击机（24架常用，1架备用）、4架"彩云"舰载侦察机。

▶ 十秒速识

"大凤"号航空母舰采用外倾26度、高17米的大型烟囱，与舰桥一体化设计。该舰采用全封闭式舰首，舰首的外舷呈明显的外倾状，并与飞行甲板的侧面、前端相连接。

Chapter 4
轻型航空母舰

　　轻型航空母舰是指排水量在30000吨以下的航空母舰，通常只能起降直升机或垂直起降的固定翼飞机。

美国"兰利"号航空母舰

"兰利"（Langley）号航空母舰是美国海军装备的第一艘舰队航空母舰，由运煤舰"朱比特"号改装而来，在1922—1942年服役。该舰的出现对美国海军产生了巨大的影响，标志着美国海军航空母舰时代的来临。

研发历史

"兰利"号的前身运煤舰"朱比特"号于1911年10月18日开工建造，1912年8月14日下水，次年4月7日成军。美国参加一战之前，"朱比特"号成为美国大西洋舰队辅助舰战队的一员，巡弋于大西洋与墨西哥湾之间。战后，"朱比特"号前往欧洲海域担任供煤的任务，以服务运送

基本参数	
满载排水量	14100 吨
全长	165.2 米
全宽	19.9 米
吃水	7.3 米
最高航速	15.5 节
最大航程	3500 海里
舰员人数	468 人

部队返美的海军舰只。1919年7月11日，美国海军决定将"朱比特"号运煤舰改装为航空母舰。1919年12月12日，"朱比特"号返抵维吉尼亚州的汉普顿锚地，并于1920年3月24日除役。

1920年4月11日，"朱比特"号更名为"兰利"号（CV-1），以纪念美国航空先驱、物理与天文学家，同时也是莱特兄弟的竞争者——塞缪尔·兰利博士。"兰利"号的改装工程在诺福克港进行，1922年3月20日重新服役。

1924年11月29日，"兰利"号纳入美国太平洋战斗舰队的编制中。之后，"兰利"号在美国西岸到夏威夷间的海域进行各项战术训练与演习，并为美国接下来的2艘航空母舰，即"列克星敦"号与"萨拉托加"号输送了许多合格的海军飞行员。1936年10月25日，"兰利"号进入马尔岛海军造船厂，再次改装成为水上飞机供应舰。1942年2月27日，"兰利"号在太平洋被日本击沉。

"兰利"号航空母舰侧前方视角

舰体构造

"兰利"号航空母舰是一艘典型的平原型航空母舰。舰体最上方是长163米、宽19.5米的全通式飞行甲板，舰桥则位于飞行甲板的右舷前部下方，舰体左舷有2个可收放的铰链式烟囱。飞行甲板由13个单柱桁架支撑，中部装有1座升降机，下面为原来的6个煤舱中的4个改装而成的敞开式机库。飞行甲板下面，在贯通首尾的轨道上有2台移动式吊车，把舰载机从机库吊到升降机上，再由升降机提到飞行甲板。

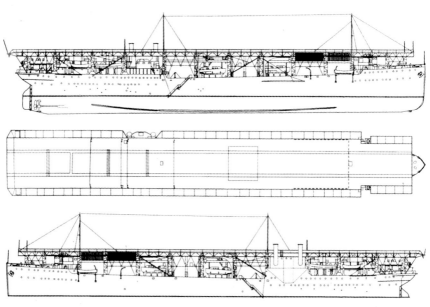

"兰利"号航空母舰结构图

自卫武器

"兰利"号航空母舰的自卫武器非常简单，只有4门127毫米51倍口径的舰炮。不过，该舰在服役期间主要用于训练舰载机飞行员，并不直接参加战斗，所以自卫武器较为简单也属正常。

停泊在港口中的"兰利"号航空母舰

动力装置

　　"兰利"号航空母舰的动力装置为3台锅炉和2台电动机，双轴推进，推进功率为5400千瓦。以10节速度航行时，"兰利"号航空母舰的续航距离为3500海里。

"兰利"号航空母舰侧面视角

舰载飞机

　　"兰利"号航空母舰可以搭载36架舰载机，由于主要担负舰载机飞行员的训练任务，所搭载的舰载机也多为教练机，如艾尔马林39-B（Aeromarine 39-B）教练机。

"兰利"号航空母舰飞行甲板尾部的舰载机

十秒速识

　　"兰利"号航空母舰的舰体顶部为全通式飞行甲板，由13个单柱绗架支撑。飞行甲板的右舷前部下方设有舰桥，左舷有2个可收放的铰链式烟囱。

"兰利"号航空母舰前方视角

美国"游骑兵"号航空母舰

"游骑兵"（Ranger）号航空母舰是美国海军第一艘专门设计的航空母舰，于1934—1946年间服役。

研发历史

早在美国第一艘航空母舰"兰利"号于1922年服役时，美国海军就在规划下一代航空母舰。但在1922年时，美国国会批准了《华盛顿海军条约》，于是美国海军一方面把2艘战列巡洋舰改装成为航空母舰，即"列克星敦"号和"萨拉托加"号，另一方面也延缓了新型航空母舰的建造时程，以方便进行更多的研究。直到1930年，该计划才正式开始实施，新舰

基本参数	
满载排水量	17859 吨
全长	234.4 米
全宽	33.4 米
吃水	6.8 米
最高航速	29.3 节
最大航程	10000 海里
舰员人数	2148 人

被命名为"游骑兵"号（CV-4），1931年9月26日开工建造，1933年2月25日下水，1934年6月4日开始服役。

由于"游骑兵"号较小的吨位与舰岛，狭窄的飞行甲板以及耐波性的问题，使得该舰型并未成为主流，后续的建造计划也被取消。但该舰在设计与操作中所产生的问题，为后续航舰的设计上提供了许多宝贵的经验。二战初期，"游骑兵"号在美国海军大西洋舰队服役。1944年转为训练航空母舰，负责训练夜间战斗机飞行员，以及其他战斗训练任务，二战结束后很快就退役并被拆解。美国在二战前就服役的6艘航空母舰里，"游骑兵"号、"萨拉托加"号和"企业"号3艘存活到战后，而"游骑兵"号是唯一没有跟日本交战的航空母舰。

"游骑兵"号航空母舰侧前方视角

舰体构造

"游骑兵"号航空母舰的设计目标是作为一种轻型多用途航空母舰，能携带和"列克星敦"级航空母舰数量相当的舰载机，在排水量上尽可能小。该舰在设计时没有岛式上层建筑，但在下水后添加了小型的岛式上层建筑。在二战中，"游骑兵"号航空母舰进行了两次舰炮改装。

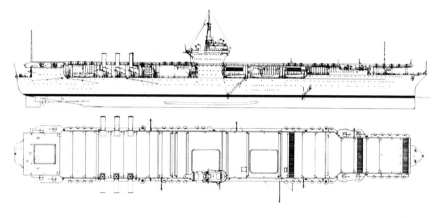

"游骑兵"号航空母舰结构图

自卫武器

　　"游骑兵"号航空母舰最初的自卫武器是8门127毫米防空炮和40挺12.7毫米机枪，1941年9月在诺福克船厂进行了换装，自卫武器变为8门127毫米防空炮、6组28毫米防空炮和24挺12.7毫米机枪。1943年1月在诺福克船厂进行了第二次换装，自卫武器变为8门127毫米防空炮、6组40毫米防空炮和46门20毫米防空炮。1944年5月再次进行了换装，拆除了所有的127毫米防空炮。

"游骑兵"号航空母舰俯视图

▌▌▌▶ ★ 动力装置

"游骑兵"号航空母舰的动力装置为2台蒸汽轮机和6台锅炉，双轴推进。以15节速度航行时，"游骑兵"号航空母舰的续航距离为10000海里。

航行中的"游骑兵"号航空母舰

▌▌▌▶ ★ 舰载飞机

"游骑兵"号航空母舰最多可以搭载86架舰载机，一般情况下搭载76架舰载机，主要机型为F4F"野猫"战斗机和SBD俯冲轰炸机，其中前者占多数。"游骑兵"号航空母舰的耐波性不良，舰载机在气候条件较差时的起降较为危险。另外，该舰的甲板过窄、航速太慢，鱼雷轰炸机在航空母舰上的操作存在诸多限制，尤其在没有足够的风势帮助下，携带鱼雷的轰炸机几乎无法起飞。

"游骑兵"号航空母舰搭载的舰载机

||||▷ 十秒速识

　　"游骑兵"号航空母舰的上层建筑较小，飞行甲板非常狭窄，两舷各有
3个烟囱。

"游骑兵"号航空母舰侧前方仰视图

美国"约克城"级航空母舰

"约克城"（Yorktown）级航空母舰是美国海军在二战前设计建造的航空母舰，一共建造了3艘，在1937—1947年服役。

研发历史

"约克城"级航空母舰是美国在20世纪30年代经济危机后、罗斯福新政实施期间，根据经济复兴法案拨款所设计建造的航空母舰。1934年，美国海军利用《华盛顿海军条约》规定的额度，计划建造2艘20000吨级航

基本参数	
满载排水量	25900 吨
全长	251.38 米
全宽	33.38 米
吃水	7.9 米
最高航速	32.5 节
最大航程	12500 海里
舰员人数	2217 人

空母舰，并命名为"约克城"级航空母舰。1936年，日本退出海军裁军谈判，开始建造大型航空母舰（"翔鹤"级航空母舰），美国海军因此在1938年通过海军扩建法案又追加建造了1艘"约克城"级改进型的航空母舰。

　　首舰"约克城"号（CV-5）和二号舰"企业"号（CV-6）在二战爆发前服役，而三号舰"大黄蜂"号（CV-8）则在裁军条约失效后赶工建造，在太平洋战争爆发前服役。在"埃塞克斯"级航空母舰于1943年年底服役前，"约克城"级航空母舰一直是美国海军在太平洋的中坚部队，其中"约克城"号及"大黄蜂"号均在此段时间战损沉没，而"企业"号则参与了太平洋战争大部分的战斗，在战后封存多年，最终被拆解。

"约克城"级航空母舰俯视图

舰体构造

　　"约克城"级航空母舰充分吸收了之前美国海军改装、设计和建造航空母舰的经验，采用开放式机库，拥有3座升降机，飞行甲板前端安装有弹射器，紧急情况下舰载机可以通过在机库中设置的弹射器从机库中直接弹射起飞（后来取消了这项不实用的功能），增强舰载机的出击能力。飞行甲板前后装了2组拦阻索，舰载机可以在飞行甲板的任意一端降落。木制飞行甲板没有装甲防护，舰桥、桅杆和烟囱一体化的岛式上层建筑位于右舷。

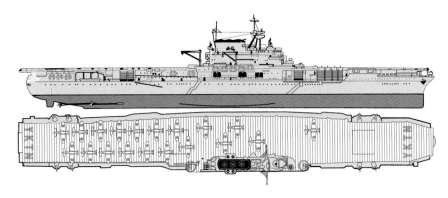

"约克城"级航空母舰结构图

自卫武器

　　"约克城"级航空母舰的舰首及舰尾各设有4门127毫米单装舰炮，分别置于左舷及右舷飞行甲板。舰岛前方及后方，各设有2座四联装28毫米防空炮。舰体各处共有24挺12.7毫米勃朗宁机枪。

"约克城"级航空母舰侧面视角

动力装置

　　"约克城"级航空母舰有9台锅炉，连接4台蒸汽轮机，配备4轴螺旋桨，推进功率为89000千瓦，最高航速达32.5节。此外，还有2台200千瓦柴油轮机发电。"约克城"级航空母舰最致命的弱点是水下防御，倘若遭到鱼雷攻击，而在水线以下入水，海水只需淹没锅炉或蒸汽轮机，便足以令全舰失去动力。

航行中的"约克城"级航空母舰

舰载飞机

　　"约克城"级航空母舰最多可以搭载90架舰载机，舰上航空兵分为1个战斗机队（F2F战斗机及F3F战斗机）、1个俯冲轰炸机队（BTD俯冲轰炸机）、1个鱼雷轰炸机队（TBD鱼雷轰炸机）和1个侦察机队（SB2C俯冲轰炸机）。

飞行甲板前部满载舰载机的"约克城"级航空母舰

十秒速识

"约克城"级航空母舰拥有单层全通式飞行甲板，舰首有2座弹射器。从"约克城"级航空母舰开始，美国航空母舰的岛式上层建筑和烟囱连为一体，从而形成了美国航空母舰的基本形式。

"约克城"级航空母舰侧前方视角

美国"胡蜂"号航空母舰

"胡蜂"（Wasp）号航空母舰是"胡蜂"级航空母舰的首舰也是仅有的一艘，在1940—1942年服役。

研发历史

"胡蜂"号航空母舰于1936年4月1日在伯利恒前河造船厂开工建造，于1939年4月4日下水，1940年4月25日开始服役，1942年1月在诺福克海军船厂换装武器。受《华

基本参数	
满载排水量	14700 吨
全长	225.93 米
全宽	33 米
吃水	6.1 米
最高航速	29.5 节
最大航程	12000 海里
舰员人数	2167 人

盛顿海军条约》的限
制，"胡蜂"号航空母
舰被迫多次降低吨位，
使之看上去是"约克
城"级航空母舰的缩小
版本。

"胡蜂"号航空母
舰最初在大西洋上服
役，用作护航和运输航
空母舰。后来由于太平
洋舰队航空母舰缺乏，
作为舰队航空母舰进入

建造中的"胡蜂"号航空母舰

太平洋作战。1942年9月15日，"胡蜂"号航空母舰在瓜岛海战中被日本
潜艇击中，随后发生了不可控制的大火，美军弃船后使用驱逐舰发射鱼
雷将其击沉。

▌▌▌▷ 舰体构造

　　"胡蜂"号航空母舰有3座升降机，飞行甲板上安装有2座液压弹射器，机库也安装有2座液压弹射器。"胡蜂"号航空母舰上没有安装有效装甲，尤其是对鱼雷的防御极为薄弱，后期追加的装甲也无法弥补这个致命缺陷。

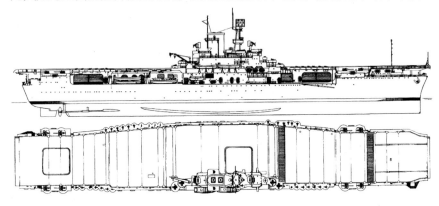

"胡蜂"号航空母舰结构图

▌▌▌▷ 自卫武器

　　"胡蜂"号航空母舰最初的自卫武器为8门127毫米单管舰炮、4座四联装28毫米防空炮及24挺12.7毫米机枪。1942年1月，该舰在诺福克船厂进行换装，自卫武器变为8门127毫米单管舰炮、1组40毫米防空炮、4座四联装28毫米防空炮、32门20毫米防空炮和6挺12.7毫米机枪。

"胡蜂"号航空母舰侧前方视角

动力装置

　　"胡蜂"号航空母舰比"约克城"级航空母舰减少了25%的设备重量，动力装置也被大幅削弱。该舰有2台蒸汽轮机和6台锅炉，采用双轴推进，推进功率为52000千瓦，动力远小于"约克城"级航空母舰。以15节速度航行时，"胡蜂"号航空母舰的续航距离为12000海里。

航行中的"胡蜂"号航空母舰

舰载飞机

　　"胡蜂"号航空母舰设计搭载了76架固定翼飞机，实际搭载90架左右固定翼飞机，主要机型包括F4F"野猫"战斗机、SB2U"维护者"轰炸机、"喷火"战斗机（在地中海作战时列装）等。

"胡蜂"号航空母舰飞行甲板上的 SB2U"维护者"轰炸机

十秒速识

　　"胡蜂"号航空母舰的外形与"约克城"级航空母舰相似，但舰体尺寸要小得多。

"胡蜂"号航空母舰前方仰视图

美国"独立"级航空母舰

　　"独立"（Independence）级航空母舰是美国在二战中期建造的轻型航空母舰，一共建造了9艘，在1943—1970年服役。

研发历史

　　二战中期，美国海军急需大量航空母舰服役，新造"埃塞克斯"级航空母舰无法迅速满足战争的需要，因此美国海军着手将舰型适合改作航空母舰的9艘"克利夫兰"级轻巡洋舰改装为轻型航空母舰，并重新命名为"独立"级。首舰"独立"号原为轻巡洋舰"阿姆斯特丹"号，1942年2

基本参数	
满载排水量	11000 吨
全长	190 米
全宽	33.3 米
吃水	7.9 米
最高航速	31.5 节
最大航程	13000 海里
舰员人数	1569 人

月14日开始改建为轻型航空母舰，同年12月31日建成服役。其他8艘同级舰均在1943年相继服役。

在战争中期，"独立"级航空母舰与同样是新服役的"埃塞克斯"级航空母舰一起，成为美国海军太平洋舰队扭转乾坤的关键力量。1944年6月马里亚纳海战中，美军出动6艘"埃塞克斯"级航空母舰和全部9艘"独立"级航空母舰，一举击溃日本联合舰队剩余的航空母舰力量。1944年10月，"独立"级航空母舰再度参加莱特湾海战，其中"普林斯顿"号被击沉，成为该级舰在战争中损失的唯一一艘。战后，"独立"级航空母舰有2艘根据《租界法案》给了法国，1艘被卖给了西班牙。

"独立"级航空母舰侧面视角

舰体构造

为了迅速满足战争需要，"独立"级航空母舰是以"克利夫兰"级轻巡洋舰改装而来，为了支撑舰岛以及其他额外的重量，舰体中央宽度较原始设计增加了1.5米。该舰的防护力较为薄弱，"普林斯顿"号便是因为机库甲板装甲较薄，导致存放于机库甲板的弹药被引爆，最后被迫凿沉。

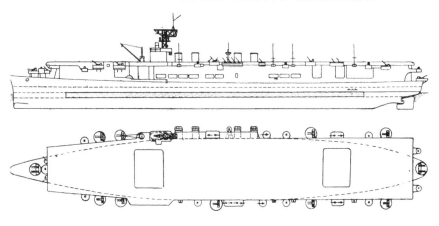

"独立"级航空母舰结构图

⬛⬛⬛▷ ★ 自卫武器

　　"独立"级航空母舰的自卫武器比较简单，仅有2座四联装40毫米防空炮、8座双联装40毫米防空炮和22门20毫米机炮。

"独立"级航空母舰侧前方视角

动力装置

"独立"级航空母舰的动力装置为4台蒸汽轮机和4锅炉，推进功率为75000千瓦。以15节速度航行时，"独立"级航空母舰的续航距离为13000海里。

航行中的"独立"级航空母舰

舰载飞机

"独立"级航空母舰原计划搭载F6F"地狱猫"战斗机、SBD"无畏"俯冲轰炸机与TBM"复仇者"鱼雷轰炸机各9架，但到1944年时的标准编制为24架F6F"地狱猫"战斗机与9架TBM"复仇者"鱼雷轰炸机。由于"独立"级航空母舰是一种应急的航空母舰，狭窄而且

"独立"级航空母舰搭载的SBD"无畏"俯冲轰炸机

较短的飞行甲板使得舰载机起降的风险较正规航空母舰要高。

"独立"级航空母舰的飞行甲板狭窄而且较短，4个烟囱安装在舰体右舷。

"独立"级航空母舰俯视图

美国"塞班岛"级航空母舰

"塞班岛"（Saipan）级航空母舰是美国在二战中以重巡洋舰改装而成的航空母舰，共建造了2艘，在1946—1970年服役。

研发历史

与"独立"级航空母舰一样，"塞班岛"级航空母舰也是由巡洋舰的舰体改装而成，

基本参数	
满载排水量	19000 吨
全长	208.7 米
全宽	35 米
吃水	8.5 米
最高航速	33 节
最大航程	8000 海里
舰员人数	1700 人

但并非轻巡洋舰，而是"巴尔的摩"级重巡洋舰。"塞班岛"级航空母舰于1943年9月登记注册，两舰建成时二战已经结束。首舰"塞班岛"号（CVL-48）于1946年7月开始服役，二号舰"赖特"号（CVL-49）于1947年2月开始服役。

"赖特"号航空母舰（左）和"莱特"号航空母舰（右，"埃塞克斯"级）

"塞班岛"级航空母舰作为舰队航空母舰仅仅服役了很短时间，两舰在20世纪50年代喷气式飞机出现之后迅速过时，但美国海军认为该级舰的船体较有价值，因为船体内较大的空间很容易改装用作他途。于是，"塞班岛"号被改装成为通信中继船，而"赖特"号被改装成指挥舰。改装后的两舰于20世纪70年代退役，20世纪80年代被拆解。

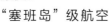

舰体构造

"塞班岛"级航空母舰使用了"巴尔的摩"级重巡洋舰的船体和轮机的设计,与"独立"级航空母舰相比,"塞班岛"级航空母舰改善了航海性能,进一步细分了水密舱布置,加强了装甲,增大了弹药库容量,加大了飞行甲板的强度,增加了更多的航空队,并且稍稍提升了航速。后来改装成指挥舰后,舰上装备了各种情报搜集的处理设备,同时增设了作战室和参谋室,以便向世界各地的美国军舰传送命令。为了安装通信设备,在飞行甲板上竖起了高25米的天线杆,因此舰体外形变化极大。

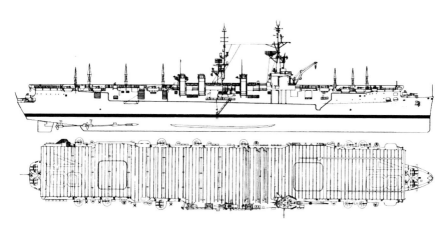

"塞班岛"级航空母舰结构图

自卫武器

"塞班岛"级航空母舰的自卫武器为5座四联装40毫米防空炮、10座双联装40毫米防空炮和16门20毫米机炮。

"塞班岛"级航空母舰侧前方视角

动力装置

　　"塞班岛"级航空母舰的动力装置为4台蒸汽轮机和4台锅炉，推进功率为89500千瓦。以15节速度航行时，"塞班岛"级航空母舰的续航距离为8000海里。

高速航行的"塞班岛"级航空母舰

舰载飞机

　　"塞班岛"级航空母舰可以搭载42架舰载机，包括18架F6F"地狱猫"战斗机、12架SB2C"地狱俯冲者"俯冲轰炸机和12架TBM"复仇者"鱼雷轰炸机。

"塞班岛"级航空母舰飞行甲板前方搭载的舰载机

十秒速识

　　"塞班岛"级航空母舰的外形酷似"独立"级航空母舰，但排水量稍大。该舰的飞行甲板比较宽大，岛式上层建筑在舰体右舷。

"塞班岛"级航空母舰在纽约港

英国"百眼巨人"号航空母舰

"百眼巨人"（Argus）号航空母舰是英国海军第一艘真正意义上的航空母舰外形的军舰，也是世界上第一艘采用全通式飞行甲板的航空母舰。虽然在两次世界大战中的表现并不抢眼，但它在航空母舰发展史上的开拓性地位是毋庸置疑的。

基本参数	
满载排水量	16028 吨
全长	172.2 米
全宽	20.7 米
吃水	7.1 米
最高航速	20 节
最大航程	3600 海里
舰员人数	495 人

研发历史

"百眼巨人"号最初为意大利罗亚德·萨包多公司建造的"罗索伯爵"号远洋邮轮，于1914年开始安放龙骨，然而在它下水前就因战争停工，在1916年被英国海军买下，并着手改装为航空母舰。舰上原有的烟囱被拆除，设计人员设计出从主甲板下面通向舰尾的水平排烟道，从而清除了阻碍飞机起降的最大障碍。飞行跑道前后贯通，形成了全通式的飞行甲板，大大方便了舰载机的起降作业。英国海军以希腊神话中百眼巨人的名字来命名这艘划时代的军舰。此后，这种结构的航空母舰便被称为"平原型"。

1918年5月，"百眼巨人"号的改装工程完工。同年9月，该舰编入英国海军的作战序列。1918年10月1日，由理查·贝尔·戴维斯中校驾驶的"支柱"式飞机首次降落在"百眼巨人"号上。当时，英国试图让"百眼巨人"号携带鱼雷轰炸机对德国公海舰队的锚地发动攻击，但因战争结束而没有实施。二战初期，因英国海军航空母舰损失惨重，已改为训练航空母舰的"百眼巨人"号被召回第一线，并成为英国海军唯一能搭载机翼无法折叠的飞机的航空母舰。1946年5月6日，"百眼巨人"号从英国海军除籍，1947年被出售并拆毁。

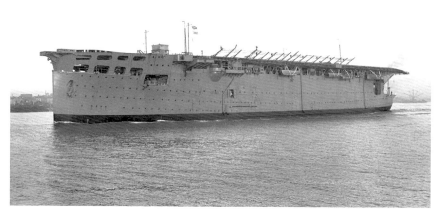

"百眼巨人"号航空母舰侧前方视角

▐▐▐▶ 舰体构造

"百眼巨人"号最初计划在两舷侧甲板分别装设了并列的岛式上层建筑，容纳舰桥与烟囱，但因为被认为会造成气流紊乱，阻碍飞行而取消此计划，取消了飞行甲板以上所有的上层建筑，形成"平顶船"的样式。在舰体两舷设有露天舰桥，并在飞行甲板前部中心线安装了小的升降式操舵室，飞行作业时下降到甲板以下。

"百眼巨人"号利用了邮轮船体宽大的内部空间设置单层机库，以及燃油库、弹药库等与航空作业相关舱室，机库前部与中后部有2座升降机，用于在机库与飞行甲板之间转移舰载机。以当时的标准来说，"百眼巨人"号的机库算是相当大。因此，"百眼巨人"号成为英国海军执行运输飞机任务的重要舰只，并经常被部署。

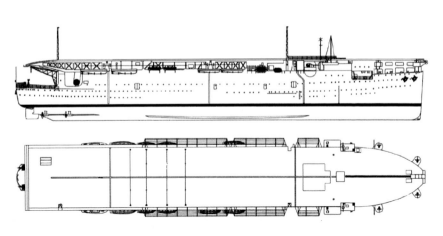

"百眼巨人"号航空母舰结构图

▐▐▐▶ 自卫武器

"百眼巨人"号航空母舰的自卫武器为6门102毫米单管炮、8门102毫米防空炮、4门47毫米防空炮、4挺防空机枪和10挺刘易斯轻机枪。

"百眼巨人"号航空母舰侧面视角

动力装置

　　"百眼巨人"号航空母舰的动力装置为4台蒸汽轮机和12台锅炉，推进功率为15000千瓦。以10节速度航行时，"百眼巨人"号航空母舰的续航距离为3600海里。

舰载飞机

　　"百眼巨人"号航空母舰通常搭载15架舰载机，包括7架"管鼻燕"战斗机和8架"剑鱼"攻击机。

"百眼巨人"号航空母舰机库中的舰载机

"百眼巨人"号航空母舰的舰体顶部为全通式飞行甲板，飞行甲板上没有上层建筑。

涂有眩晕迷彩的"百眼巨人"号航空母舰

英国"竞技神"号航空母舰

"竞技神"（Hermes）号航空母舰是英国海军于1917年订购的航空母舰，是世界上第一艘专门设计的航空母舰，被认为是现代航空母舰的始祖。

研发历史

在航空母舰发展初期，世界各国的航空母舰几乎都是由战列舰、重巡洋舰或商船改

基本参数	
满载排水量	13900 吨
全长	182.9 米
全宽	21.4 米
吃水	7.1 米
最高航速	25 节
最大航程	5600 海里
舰员人数	566 人

装而来，而"竞技神"号是世界上第一艘专门设计的航空母舰。该舰于1917年4月开工建造，由于一战结束，以及结构布局需要进行大量的实验，导致建造工程进度缓慢，直到1923年才完工。

即将沉没的"竞技神"号航空母舰

1924年，"竞技神"号航空母舰服役后被派往远东活动，游弋在东南亚。欧洲爆发战争后，"竞技神"号航空母舰被调回大西洋，担负搜索德国海上袭击舰的任务。1940-1941年上半年，"竞技神"号航空母舰加入英国地中海舰队对意大利海军作战，之后又被调回印度洋。1942年4月9日，"竞技神"号航空母舰在印度锡兰岛亭可马里海军基地附近，遭到日本机动舰队的舰载机攻击，共命中10弹，很快沉没。

舰体构造

　　"竞技神"号航空母舰拥有全通式飞行甲板，而非改装航空母舰中常见的前后两段式，极大地方便了舰载机起降作业。该舰采用封闭型的舰首，极具抗浪性，使飞行甲板强度更大。岛式上层建筑位于右舷，利用右侧舰桥将烟囱环抱在内，既牢固又美观，至今仍被常规动力航空母舰所采用。

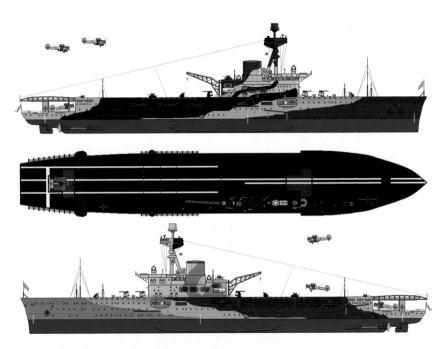

"竞技神"号航空母舰结构图

自卫武器

　　"竞技神"号航空母舰的自卫武器为6门140毫米火炮、3门102毫米防空炮和8门20毫米防空炮。

"竞技神"号航空母舰侧前方视角

动力装置

　　"竞技神"号航空母舰的动力装置为2台蒸汽轮机和6台锅炉，推进功率为30000千瓦。以10节速度航行时，"竞技神"号航空母舰的续航距离为5600海里。

"竞技神"号航空母舰在珍珠港

舰载飞机

　　"竞技神"号航空母舰服役之初的载机数量为20架，后来随着舰载机尺寸增大，载机数量下降到了16架，所搭载的机型主要是"剑鱼"攻击机。

十秒速识

　　"竞技神"号航空母舰拥有全通式飞行甲板，岛式上层建筑在舰体右舷，烟囱被舰桥环抱在内。

"竞技神"号航空母舰侧面视角

英国"皇家方舟"号航空母舰

"皇家方舟"(Ark Royal)号是英国海军在二战前全新设计的航空母舰，开创了现代航空母舰的新纪元。

▶ 研发历史

20世纪30年代初期，英国拥有6艘航空母舰，其中"暴怒"号航空母舰（"暴怒"号巡洋舰改装）、"百眼巨人"号航空母舰（商船改装）、"鹰"号航空母舰（战列舰改装）、"勇敢"号和"光荣"号（隶属"勇敢"级航空母舰，由巡洋舰改装）都是改装而来，只有"竞技神"号航空母舰才是第一艘专门设计的航空母舰，但毕竟是一艘载机量少、航速较低的航

基本参数	
满载排水量	28160 吨
全长	240 米
全宽	28.9 米
吃水	8.7 米
最高航速	30 节
最大航程	7600 海里
舰员人数	1580 人

空母舰，无法满足战争需要。为此，英国海军需要一种专门设计的更大的航空母舰。

1934年，英国政府批准拨款建造1艘新式航空母舰，并在《华盛顿海军条约》对航空母舰的限制范围内制订了设计方案，成为英国海军后续建造航空母舰的原型。新舰于1935年9月开工建造，1937年下水时命名为"皇家方舟"号，1938年完工服役。在二战中，"皇家方舟"号立下了赫赫战功，最著名的战绩是在围歼德国"俾斯麦"号战列舰时击毁其方向舵，为英国舰队最后击沉该舰赢得了先机。1941年11月13日，"皇家方舟"号航空母舰不幸被德国U-81潜艇击沉。

刚刚下水的"皇家方舟"号航空母舰

舰体构造

考虑到大西洋的恶劣海况，"皇家方舟"号航空母舰的船形长宽比例为7.6：1。为了能够提供最大面积的飞行甲板，"皇家方舟"号采用了外伸式的飞行甲板，飞行甲板很长，延伸出舰首和舰尾，扩大了飞行甲板面积。

飞行甲板一分为二，前部为起飞用，后部为着舰用。"皇家方舟"号采用了向下弯曲的圆弧形飞行甲板，其中前段飞行甲板向下弯曲的弧度较大，后端飞行甲板向下弯曲的弧度较小，减少了飞行甲板的乱流，这一优点有利于舰载机着舰。舰体大量采用焊接工艺，以节省结构重量。

"皇家方舟"号的机库面积很大，拥有上下两层封闭式机库，上层机库长173米、宽18.3米、高4.9米，下层机库长138米、宽18.3米、高4.9米。机库设有通风条件较好的通风口，配备了优良的防火设施。机库内存放了大量武器弹药，以确保长时间作战。全舰有3座升降机。

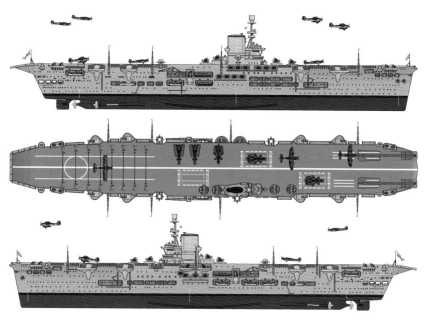

"皇家方舟"号航空母舰结构图

自卫武器

"皇家方舟"号航空母舰的自卫武器为8座双联装114毫米防空炮、6座八联装40毫米防空炮和48门20毫米防空炮。

"皇家方舟"号航空母舰侧前方仰视图

动力装置

　　"皇家方舟"号航空母舰的动力装置为3台齿轮传动"帕森斯"蒸汽轮机和6台"海军上将"锅炉，采用三轴推进，推进功率为75020千瓦。该舰的燃油储备为4620吨，以20节的速度航行时，续航距离为7600海里，虽然比不上日本和美国的同级别航空母舰，但是"皇家方舟"号大多在北大西洋和地中海作战，距离英国本土很近，所以这样的续航距离完全可以满足作战需求。

高速航行的"皇家方舟"号航空母舰

舰载飞机

"皇家方舟"号航空母舰设计时要求搭载72架舰载机,但实际载机量一般为60架,通常为48架"剑鱼"攻击机和12架"鱼鹰"战斗轰炸机,或者36架"剑鱼"攻击机和24架"鱼鹰"战斗轰炸机。从1940年开始,"皇家方舟"号换装了空战性能更为先进的"管鼻燕"战斗机和"飓风"战斗机,空战性能有了很大提高。

"皇家方舟"号航空母舰及其搭载的"剑鱼"攻击机

十秒速识

"皇家方舟"号航空母舰采用短而宽的船体设计,拥有封闭型舰首,舰桥、烟囱一体化的岛式上层建筑位于右舷,飞行甲板前端有2座液压弹射器。

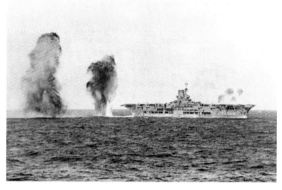

斯帕蒂文托角战役(1940年)中的"皇家方舟"号航空母舰

英国"光辉"级航空母舰

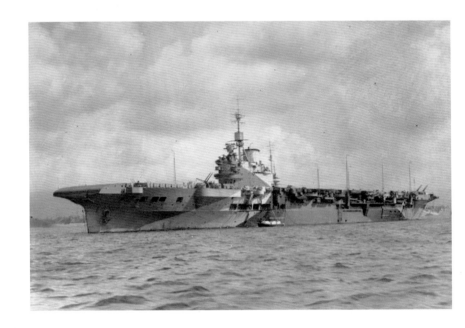

　　"光辉"（Illustrious）级航空母舰是英国在二战前设计的一级航空母舰，一共建造了4艘，在1940—1968年服役。

研发历史

　　1936年，英国政府通过建造2艘23000吨级航空母舰的预算。1937年，4艘"光辉"级航空母舰相继动工，分别是"光辉"号（1937年4月动工）、"可畏"号（1937年5月动工）、"胜利"号（1937年6月动工）、和"不挠"号（1937年11月动工）。"光辉"号和"可畏"号分别在1940年5

基本参数	
满载排水量	28919 吨
全长	225.6 米
全宽	29.2 米
吃水	8.8 米
最高航速	30.5 节
最大航程	10700 海里
舰员人数	1229 人

月和11月服役，"胜利"号和"不挠"号分别在1941年5月和10月服役。

二战期间，"光辉"级航空母舰先后在地中海和太平洋作战，取得了不俗的战绩。在夜袭塔兰托时，"光辉"号上的舰载机用一个多小时击沉意大利战列舰1艘，重创战列舰2艘，击伤巡洋舰及辅助舰艇各2艘。战后，"光辉"级各舰相继退役，其中"胜利"号退役时间最晚（1968年退役）。

"胜利"号航空母舰（1959年）

舰体构造

"光辉"级航空母舰的排水量与英国之前建造的"皇家方舟"号航空母舰大体相当，飞行甲板较后者缩短了18米。与"皇家方舟"号拥有双层机库不同，"光辉"级航空母舰只有一层机库。为了提高防空能力，该级舰在飞行甲板边缘四角各配置了2座双联装114毫米防空炮的炮塔。"光辉"级航空母舰采用装甲飞行甲板，可以抵御450千克炸弹的攻击。

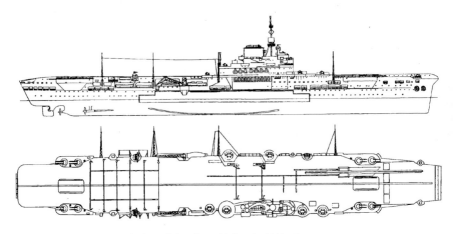

"光辉"级航空母舰结构图

自卫武器

"光辉"级航空母舰的自卫武器为8座双联装114毫米防空炮、6座八联装102毫米防空炮、20门40毫米博福斯防空炮和45门20毫米厄利空防空炮等。

"光辉"级航空母舰侧前方视角

动力装置

　　"光辉"级航空母舰的动力装置为3台蒸汽轮机和6台锅炉，推进功率为83000千瓦。以10节速度航行时，"光辉"级航空母舰的续航距离为10700海里。

"光辉"级航空母舰侧面视角

舰载飞机

　　"光辉"级航空母舰最初可以搭载36架舰载机，后来改进了舰载机的搭载方法，载机量增至57架。1944年12月时，"光辉"级航空母舰的舰载机配置为36架F4U"海盗"战斗机和21架TBF"复仇者"轰炸机。

十秒速识

　　"光辉"级航空母舰拥有装甲飞行甲板，岛式上层建筑在舰体右舷，飞行甲板边缘四角各有2座双联装114毫米防空炮的炮塔。

"光辉"级航空母舰前方视角

"光辉"级航空母舰侧前方俯视图

英国"独角兽"号航空母舰

　　"独角兽"（Unicorn）号航空母舰是英国在二战中建造的航空母舰，其设计深受"皇家方舟"号航空母舰的影响。

研发历史

　　"独角兽"号航空母舰于1939年6月26日开工，1941年11月20日下水，1943年3月12日服役，先后被派往大西洋、地中海、太平洋作战。1946年1月，"独角兽"号航空母舰退役封存。1949年，该舰重新服役，作为远东地区的飞机运输舰，主要用于运输、维修和保障。1953年11月17日，"独角兽"号航空母舰再次退役。1959年，该舰被卖出，最终于1960年被拆解。

基本参数	
满载排水量	20600 吨
全长	195.1 米
全宽	27.5 米
吃水	7 米
最高航速	24 节
最大航程	7000 海里
舰员人数	1200 人

舰体构造

"独角兽"号航空母舰的最初设计是作为"光辉"级航空母舰的支援舰，其职责是将同行的航空母舰上破损的舰载机进行修复。由于要求修复的舰载机可以直接起飞，最终将其设计成了一艘轻型舰队航空母舰和支援舰。该舰在某些方面和"皇家方舟"号航空母舰较为相似，尤其是高大的机库。为了加快进度，"独角兽"号航空母舰在完工时甚至没有配备维修设备。

自卫武器

"独角兽"号航空母舰的自卫武器较少，仅有4座双联装114毫米高平两用炮、4座四联装40毫米防空炮、2座双联装20毫米厄利空防空炮和8门20毫米单装厄利空防空炮。

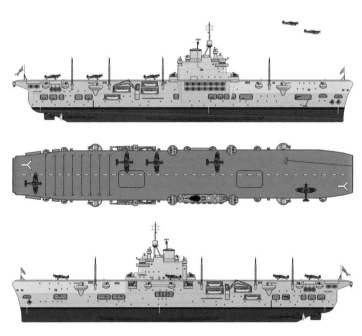

"独角兽"号航空母舰结构图

"独角兽"号航空母舰侧前方仰视图

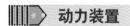

动力装置

"独角兽"号航空母舰的动力装置为2台蒸汽轮机和4台锅炉，采用双轴推进，推进功率为30000千瓦。以13.5节速度航行时，"光辉"级航空母舰的续航距离为7000海里。

舰载飞机

"独角兽"号航空母舰可以搭载33架舰载机，曾搭载的机型包括"飓风"战斗机、"剑鱼"攻击机、"喷火"战斗机和F4F"野猫"战斗机等。

"独角兽"号航空母舰搭载的舰载机

十秒速识

"独角兽"号航空母舰拥有全通式飞行甲板，岛式上层建筑位于舰体右舷。

"独角兽"号航空母舰侧面视角

英国"巨人"级航空母舰

"巨人"（Colossus）级航空母舰是英国在二战中建造的轻型航空母舰，性能介于舰队航空母舰和护航航空母舰之间，一共建造了10艘，在1944—2001年服役。

基本参数	
满载排水量	18000 吨
全长	212 米
全宽	24 米
吃水	7.09 米
最高航速	25 节
最大航程	12000 海里
舰员人数	1050 人

研发历史

"巨人"级航空母舰由英国维克斯·阿姆斯特朗造船厂建造，其设计目标是构造简单和易于建造。1942—1943年，英国海军共以"巨人"级航空母舰的名义订购了16艘。其中，有8艘按原始方案完成，有4艘在战争期间服役，但没有参加过一线战斗。余下8艘中，有2艘加装了飞机维护设备而不是弹射器和拦阻索，用作维护修理舰。另外6艘（实际完成5艘）增大了机库面积，改称"庄严"级航空母舰。

因建造时间太迟，"巨人"级航空母舰没有在二战中发挥太大的作用。二战后，该级舰出现在其他多个国家的海军中，扮演了多种角色，如一线战斗航空母舰、试验航空母舰和训练航空母舰等。

"巨人"级航空母舰通过狮门大桥

▌▌▌▌ 🟊 ▷　舰体构造

　　为了加快建造速度,"巨人"级航空母舰水线以下船体部分是按劳氏船级社的商船规范建造的。另外,为了减少费用,"巨人"级航空母舰参考了"光辉"级航空母舰的设计,但"巨人"级航空母舰并没有安装装甲,并减少了舰内"夹层"防御结构,主要是考虑到建造速度。"巨人"级航空母舰装有单层机库,采用轻型防空炮和巡洋舰主机。1957—1958年,"巨人"级航空母舰进行了改装:增加了狭窄的斜角甲板,弹射器和防空炮被拆除。

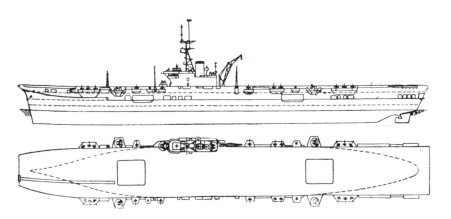

"巨人"级航空母舰结构图

▌▌▌▌ 🟊 ▷　自卫武器

　　"巨人"级航空母舰最初的自卫武器为6座四联装2磅防空炮和16座双联装20毫米厄利空防空炮,后来换装了更有效的40毫米博福斯防空炮。

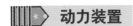
动力装置

　　"巨人"级航空母舰的动力装置为2台"帕森斯"蒸汽轮机和4台"海军部"式三鼓重油锅炉，双轴推进，推进功率为30000千瓦。以14节速度航行时，"巨人"级航空母舰的续航距离为12000海里。

航行中的"巨人"级航空母舰

舰载飞机

　　"巨人"级航空母舰最多可以搭载52架舰载机，具体机型根据服役国家和年代的不同而有所变化。作为维护修理舰的2艘"巨人"级航空母舰没有安装起降设备，不能起降舰载机。

"巨人"级航空母舰侧后方视角

十秒速识

"巨人"级航空母舰的舰体细长，拥有全通式飞行甲板，舰首为封闭式，岛式上层建筑在舰体右舷。

"巨人"级航空母舰俯视图

英国"半人马"级航空母舰

"半人马"（Centaur）级航空母舰是"巨人"级航空母舰的改进型，在二战结束后才完工。该级舰一共建造了4艘，1953—1984年在英国海军服役。

研发历史

根据1943年战时计划，英国海军原计划建造8艘，称"竞技神"级航空母舰。二战

基本参数	
满载排水量	28700 吨
全长	224.6 米
全宽	39.6 米
吃水	8.7 米
最高航速	28 节
最大航程	6000 海里
舰员人数	1350 人

结束后，有4艘被取消建造，已建造的4艘改称"半人马"级航空母舰。首舰"半人马"号于1944年5月开工建造，1947年4月下水，1953年9月服役，1965年退役。二号舰"阿尔比恩"号于1944年3月开工建造，1947年5月下水，1954年5月服役，1973年退役。

"半人马"级航空母舰在香港

三号舰"壁垒"号于1945年5月开工建造，1948年6月下水，1954年11月服役，1981年退役。四号舰"竞技神"号于1944年6月开工建造，1953年2月下水，1959年11月服役，1984年退役。"竞技神"号与其他同级舰差别较大，在服役末期参加了马岛战争。1986年4月，印度海军以较低的价格从英国购进此舰，经过改装和大修后改名"维拉特"号。

舰体构造

　　"半人马"级航空母舰在建造过程中对结构进行了加强，与"巨人"级航空母舰相比，其主尺度和排水量都增大了，主机输出功率和航速大为提高，以便能搭载更先进的喷气式飞机。

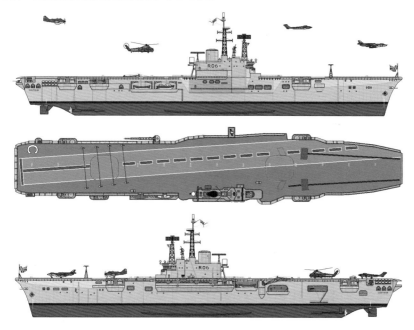

"半人马"级航空母舰结构图

自卫武器

　　"半人马"级航空母舰的防空武器包括：2座六联装40毫米博福斯防空炮、8座双联装40毫米博福斯防空炮、4座单联装40毫米博福斯防空炮、5座双联装40毫米博福斯防空炮（仅装备"竞技神"号，1966年全部撤装）、4座双联装40毫米博福斯防空炮（"阿尔比恩"号、"壁垒"号改装后）。1966年，"竞技神"号改装后还安装了2座GWS22"海猫"导弹发射装置。

"半人马"级航空母舰侧前方视角

动力装置

"半人马"级航空母舰的动力装置为2台蒸汽轮机和4台锅炉，推进功率为58000千瓦。以20节速度航行时，"半人马"级航空母舰的续航距离为6000海里。

高速航行的"半人马"级航空母舰

舰载飞机

　　"半人马"级航空母舰最初设计搭载42架舰载机,进入喷气式舰载机时代后,载机量下降到26架,主要机型包括"海鹰"战斗机、"海毒液"战斗机、"海雌狐"战斗机和"弯刀"战斗机等。

"半人马"级航空母舰俯视图

十秒速识

　　"半人马"级航空母舰拥有全通式飞行甲板,飞行甲板上装有蒸汽弹射器,岛式上层建筑位于舰体右舷。

"半人马"级航空母舰侧前方仰视图

英国"庄严"级航空母舰

　　"庄严"（Majestic）级是英国在二战中设计的轻型航空母舰，一共建造了5艘，在1948-1997年服役。

研发历史

　　"庄严"级航空母舰最初被列为"巨人"级航空母舰，由于进行了许多现代化改装，与原始设计差异较大，所以重新命名为"庄严"级。该级舰的建造工作在二战结束后停止，没有进入英国海军服役。直到该级舰被卖给澳大利亚（2艘）、加拿大（2艘）、印度（1艘）后，建造

基本参数	
满载排水量	18000 吨
全长	212 米
全宽	24 米
吃水	7.09 米
最高航速	25 节
最大航程	12000 海里
舰员人数	1050 人

工作才得以继续。其中，加拿大购买的第一艘于1948年3月率先交付，澳大利亚购买的第一艘于1948年12月交付，而印度购买的"庄严"级航空母舰于1961年4月交付。

"庄严"级航空母舰沿着海岸线航行

舰体构造

"庄严"级航空母舰的飞行甲板长211.4米、宽34.1米，甲板装甲厚度为25～50毫米。

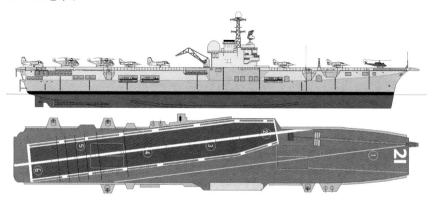

"庄严"级航空母舰结构图

自卫武器

"庄严"级航空母舰的自卫武器最初设计为30门40毫米防空炮，实际建造时大多只安装了10～16门。

"庄严"级航空母舰侧后方视角

动力装置

"庄严"级航空母舰的动力装置为2台"帕森斯"蒸汽轮机和4台"海军部"式三鼓重油锅炉，双轴推进，推进功率为30000千瓦。以14节速度航行时，"庄严"级航空母舰的续航距离为12000海里。

舰载飞机

"庄严"级航空母舰能够搭载39架二战时期的舰载机，进入喷气式舰载机时代后，载机量变为20架。

"庄严"级航空母舰及其舰载机群

TBM "复仇者" 轰炸机在 "庄严" 级航空母舰上空飞行

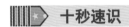
十秒速识

"庄严"级航空母舰的舰体细长，拥有全通式飞行甲板，舰首为封闭式，岛式上层建筑在舰体右舷。

"庄严"级航空母舰侧面视角

英国"无敌"级航空母舰

"无敌"（Invincible）级航空母舰是英国于20世纪70年代建造的常规动力轻型航空母舰，一共建造了3艘。

研发历史

20世纪60年代中期，由于国防预算大幅削减，英国取消了计划中的CAV-01大吨位攻击型航空母舰项目，但为了在北约框架内完成海上保护交通线的使命，仍决定

基本参数	
满载排水量	22000 吨
全长	209 米
全宽	36 米
吃水	8 米
最高航速	28 节
最大航程	7000 海里
舰员人数	1000 人

设计建造一种以反潜
为主、兼顾防空作战的
大型主力战舰，即"无
敌"级航空母舰。

　　首舰"无敌"号于
1973年7月开工建造，
1980年7月服役。二号
舰"卓越"号于1982年
6月服役，三号舰"皇
家方舟"号于1985年11
月服役。"无敌"号于

"无敌"级航空母舰右舷视角

2005年7月退为预备役直至2010年，之后退役拆解。"皇家方舟"号于2011
年退役，并出售给土耳其拆解。2014年8月，"卓越"号正式退役。至此，
"无敌"级航空母舰全部退役，其位置将由新一代的"伊丽莎白女王"级航
空母舰替代。

舰体构造

　　"无敌"级航空母舰应用了"滑跃"跑道，并首次采用了全燃气轮机动力装置，使航空母舰这一舰种进入了不依赖弹射装置便可以起降舰载战斗机的新时期。"滑跃"跑道可在载重量不变的情况下令舰载机滑跑距离减少60%；在滑跑距离不变的情况下可使舰载机载重增加20%。这一起飞方式后来被各国的轻型航空母舰普遍采用。"无敌"级航空母舰的机库高7.6米，占有3层甲板，长度约为舰长的75%，可容纳22架飞机，机库两端各有1座升降机。

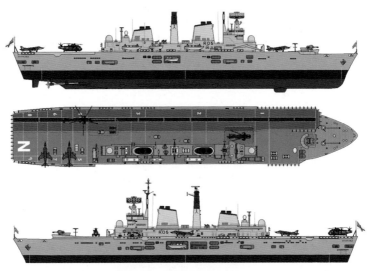

"无敌"级航空母舰结构图

"无敌"级航空母舰俯视图

自卫武器

　　由于"海鹞"垂直起降战斗机在空战性能上无法与传统起降超声速战机相提并论,"无敌"级航空母舰本身必须装备足够的防空武装才能有效维护自身安全,其主要武器为1座双联装"海标枪"舰对空导弹发射装置(备弹36枚),该导弹为半主动雷达制导,射程40千米,最大速度2马赫,有一定反舰能力。除"海标枪"舰对空导弹外,"无敌"级航空母舰还装有3座Mk 15"密集阵"近程防御武器系统("皇家方舟"号)或3座"守门员"近程防御武器系统("无敌"号和"卓越"号),2门20毫米厄利空防空炮。

"无敌"级航空母舰(右)进行海上补给

电子设备

　　"无敌"级航空母舰配备了马可尼1022型D波段对空搜索雷达、马可尼992R型对海搜索雷达、凯尔文·休斯1007型导航雷达、马可尼909型火控雷达、普莱西2016型舰壳声呐、ADAWS 10作战数据自动处理系统等电子设备。

高速航行的"无敌"级航空母舰

⫸ 舰载飞机

　　"无敌"级航空母舰的标准载机为12架"海鹞"垂直起降战斗机和10架"海王"直升机。"海鹞"垂直起降战斗机主要担负空优、舰队防空、武力投送等任务，此外也能支援反潜作战。"海王"直升机是美制SH-3"海王"直升机的英国版，主要配备反潜型和运输型。

⫸ 十秒速识

"无敌"级航空母舰侧后方视角

　　"无敌"级航空母舰的舰首设有"滑跃"跑道，"无敌"号和"卓越"号的上翘角度为7度，"皇家方舟"号为12度。上层建筑集中于右舷，包括封闭式主桅和前后两个烟囱。

"无敌"级航空母舰侧面视角

意大利"朱塞佩·加里波第"号航空母舰

"朱塞佩·加里波第"（Giuseppe Garibaldi）号航空母舰是意大利海军装备的常规动力轻型航空母舰，舰名来源于意大利名将朱塞佩·加里波第。

研发历史

二战前，意大利由于战略思想偏差的原因始终拒绝发展航空母舰。二战后，国力日衰的意大利虽有心建造航空母舰，却没有足够的财力支持。直到20世纪70年代中期，意大利海军才首次提出建造1艘"载机巡洋舰"，该计划促成了"朱塞佩·加里波第"号轻型航空母舰的出现。该舰于1981年3月开工，1983年6月下水，1985年9月正式服役，成为继英国"无敌"级航空母舰之后出现的又一具有代表性的轻型航空母舰。它比"无敌"级航空母舰更轻，排水量只有后者的三分之二。

基本参数	
满载排水量	13850 吨
全长	180.2 米
全宽	33.4 米
吃水	8.2 米
最高航速	30 节
最大航程	7000 海里
舰员人数	825 人

"朱塞佩·加里波第"号航空母舰（下）与美国"尼米兹"级航空母舰（上）

舰体构造

　　"朱塞佩·加里波第"号航空母舰的外形与英国"无敌"级航空母舰大致相同，也是直通式飞行甲板，甲板前部有6.5度的上翘。机库设在飞行甲板下面，长110米、宽15米，总面积1650平方米。在右舷上层建筑前后各有1座升降机，长18米、宽10米，载重15吨。"朱塞佩·加里波第"号航空母舰的动力系统采用体积小、重量轻、功率大、启动快、操纵灵活的燃气轮机，使航速达30节，而且机动性强，从静止状态到全功率状态只需3分钟。

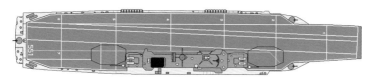

"朱塞佩·加里波第"号航空母舰结构图

"朱塞佩·里波第"号航空母舰侧前方视角

||||▷ 自卫武器

　　"朱塞佩·加里波第"号航空母舰的武器配置齐全，反舰、防空及反潜三者兼备，既可作为航空母舰编队的指挥舰，又可单独行动。该舰装有2座"信天翁"防空导弹发射装置（发射"阿斯派德"导弹，弹药基数72枚）、4座"奥托马特"Mk 2反舰导弹发射装置、3座双联装40毫米博福斯防空炮和2座三联装324毫米鱼雷发射装置（发射Mk 46或A244鱼雷）。

"朱塞佩·加里波第"号航空母舰侧后方视角

||||▷ 电子设备

　　"朱塞佩·加里波第"号航空母舰配备了MM/SPS-768长程雷达、SPN-728近距雷达、SPS-774预警雷达、AN/SPS-52C预警雷达、SPS-702海面搜索雷达、SPN-749导航雷达、RTN-30火控雷达、RTN-10X火控雷达等电子设备。

"朱塞佩·加里波第"号航空母舰岛式上层建筑特写

舰载飞机

　　"朱塞佩·加里波第"号航空母舰的标准载机方式是8架AV-8B"海鹞Ⅱ"攻击机和8架SH-3D"海王"直升机，在特殊情况下，也可只搭载16架AV-8B攻击机或18架SH-3D直升机。

"朱塞佩·加里波第"号航空母舰搭载的 AV-8B 攻击机

▶ 十秒速识

　　"朱塞佩·加里波第"号航空母舰拥有"滑跃"甲板，岛式上层建筑位于右舷，共有5层，长度约占舰体长度的三分之一。

航行中的"朱塞佩·加里波第"号航空母舰

意大利"加富尔"号航空母舰

"加富尔"（Cavour）号航空母舰是意大利在21世纪建造的第一艘航空母舰，其名称是为了纪念1861年下令组建意大利海军的意大利总理加富尔。

基本参数	
满载排水量	27100 吨
全长	244 米
全宽	39 米
吃水	8.7 米
最高航速	28 节
最大航程	7000 海里
舰员人数	1210 人

研发历史

1998年年初，意大利国防委员会批准了建造新型多用途航空母舰的计划，但由于意大利海军预算缩减，该计划被迫延后1年左右。另外，由于受到经费限制，新型航空母舰的尺寸、体积和排水量减小了。新舰"加富尔"号于2001年开工建造，采用了分段建造的新方法。2004年7月，"加富尔"号航空母舰在热那亚下水，时任意大利总统钱皮在下水仪式上发表了讲话。2008年3月，"加富尔"号航空母舰开始服役。

目前，"加富尔"号航空母舰是意大利海军排水量最大的水面舰艇，它与"地平线"级驱逐舰和欧洲多任务护卫舰一起组成了颇具欧洲特色的海上远洋舰队，是意大利海军的核心和主力。该舰拥有完善的探测与作战系统，兼具轻型航空母舰与两栖运输舰的功能。

停泊在港口中的"加富尔"号航空母舰

舰体构造

　　"加富尔"号航空母舰使用全通飞行甲板，采用了英国"无敌"号航空母舰的"滑跃"跑道设计。其飞行甲板长220米、宽34米，起飞行道长度180米、宽14米，斜坡甲板倾斜度为12度，有1个合成孔径雷达平台凸出在外。该舰的环境非常舒适，能为每位人员提供高品质的住宿条件和高品质的服务。高级舰员和军官使用单人间或双人间，中士以下使用四人间，公用区仅用于海军陆战队队员。

"加富尔"号航空母舰结构图

"加富尔"号航空母舰侧前方视角

自卫武器

　　"加富尔"号航空母舰的自卫武器为4座八联装A-43"席尔瓦"导弹发射装置（发射"阿斯特15"防空导弹）、2门76毫米超高速舰炮和3门25毫米防空炮。

"加富尔"号航空母舰后方视角

电子设备

　　"加富尔"号航空母舰拥有完善的先进探测与作战系统，由阿莱尼亚·马可尼公司负责整合。该舰配备了RAN-40L长程对空搜索阵列雷达、SPY-790多功能相控阵雷达、RAN-30X监视雷达、敌我识别器与导航雷达等电子设备。其中，RAN-40L雷达使用先进的有源阵列收发元件技术，全固态电子元件，最大搜索距离400千米，最小搜索距离180米，最大搜索高度30千米。

"加富尔"号航空母舰左舷视角

▌▌▌▷ 舰载飞机

　　"加富尔"号航空母舰的舰载机停放区位于跑道旁边，可停放12架舰载直升机（EH-101）或8架固定翼舰载机（AV-8B攻击机或F-35战斗机）。甲板上有6个直升机起降区，可以起降中型直升机。

"加富尔"号航空母舰侧后方视角

十秒速识

　　"加富尔"号航空母舰采用长方形全通式飞行甲板，"滑跃"甲板（倾斜12度）位于飞行甲板前方左侧，长方形舰岛位于舰体右舷。

"加富尔"号航空母舰参加军事演习

西班牙"阿斯图里亚斯亲王"号航空母舰

"阿斯图里亚斯亲王"（Príncipe de Asturias）号航空母舰是西班牙历史上第一艘自行建造的航空母舰，舰名来自西班牙储君的封号，在1988—2013年服役。

基本参数	
满载排水量	16700 吨
全长	195.9 米
全宽	24.3 米
吃水	9.4 米
最高航速	26 节
最大航程	6500 海里
舰员人数	830 人

研发历史

1967 年，西班牙海军向美国租借了二战时期的老航空母舰"迷宫"号，后于1973年正式买入，但是"迷宫"号日渐老化，于是建造新型航空母舰的问题就提上了议事日程。由于建造大中型航空母舰耗资巨大，国力难以承受，因此西班牙海军看中了搭载垂直起降飞机的轻型航空母舰。

1979年10月，西班牙巴赞造船厂开始建造"阿斯图里亚斯亲王"号航空母舰。1982年，西班牙国王胡安·卡洛斯一世和王后见证了"阿斯图里亚斯亲王"号的下水仪式。此后，由于需要增加"特里坦"数位指挥控制系统，原来的系统设计必须大幅更改，直至1988年5月30日才正式服役。2013年，西班牙考虑到军费拮据，加上舰龄日高，操作与维修成本较为昂贵，"阿斯图里亚斯亲王"号正式退役。

"阿斯图里亚斯亲王"号航空母舰前方视角

舰体构造

"阿斯图里亚斯亲王"号航空母舰采用了"滑跃"甲板设计，在舰首跑道末端加装了一段12度仰角飞行甲板。该舰的飞行甲板在主甲板之上，从而形成敞开式机库，这在二战后的航空母舰中是绝无仅有的，其他航空母舰都是飞行甲板与主甲板在同一水平面上，机库封闭。"阿斯图里亚斯亲

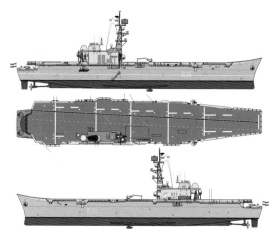

"阿斯图里亚斯亲王"号航空母舰结构图

王"号航空母舰的动力系统只采用2台燃气轮机，并且是单轴单桨，这在现代航空母舰中是独一无二的。

"阿斯图里亚斯亲王"号航空母舰侧后方视角

⫸ 自卫武器

　　"阿斯图里亚斯亲王"号航空母舰的主要自卫武器为4座"梅罗卡"近程防御武器系统，其中舰身前段左右各设有1座，另外2座则位于舰尾。此外，舰上还有8枚美制"鱼叉"反舰导弹。

"阿斯图里亚斯亲王"号航空母舰侧前方视角

⫸ 电子设备

　　"阿斯图里亚斯亲王"号航空母舰的雷达与电子战系统多半从美国引进，包括SPS-52C/D 3D对空搜索雷达、SPS-55平面搜索雷达、SPN-35A航空管制雷达等。

⫸ 舰载飞机

　　"阿斯图里亚斯亲王"号航空母舰的机库面积达2300平方米，比同类航空母舰多出70%，接近法国中型航空母舰的水平。该舰通常搭载12架AV-8B"海鹞Ⅱ"攻击机、6架SH-3"海王"反潜直升机、4架SH-3 AEW"海王"预警直升机、2架AB-212通用直升机。

"阿斯图里亚斯亲王"号航空母舰的雷达天线特写

"阿斯图里亚斯亲王"号航空母舰搭载的 AV-8B"海鹞 II"攻击机

十秒速识

　　"阿斯图里亚斯亲王"号航空母舰的排水量介于英国"无敌"级与意大利"加里波第"号航空母舰之间，其岛式上层建筑的体积比后两者的还要小，内部仅设有舰桥和飞行控制室，烟囱与桅杆则紧凑地整合在岛式上层建筑内。

"阿斯图里亚斯亲王"号航空母舰后方视角

泰国"查克里·纳吕贝特"号航空母舰

"查克里·纳吕贝特"（Chakri Naruebet）号航空母舰是泰国海军目前唯一的航空母舰，从1997年服役至今。该舰由西班牙巴兹造船厂建造，与"阿斯图里亚斯亲王"号航空母舰为同级舰。

基本参数	
满载排水量	11486 吨
全长	182.7 米
全宽	22.5 米
吃水	6.1 米
最高航速	27 节
最大航程	10000 海里
舰员人数	601 人

研发历史

1992年3月，泰国海军和西班牙巴赞造船厂签订了"查克里·纳吕贝特"号航空母舰的建造合同，1994年6月12日开始建造，1996年1月20日下水，1997年3月20日移交给泰国海军。随后，在西班牙海军的帮助下，泰国海军在西班牙罗塔基地进行了4个月的舰员培训。1997年8月，"查克里·纳吕贝特"号航空母舰开赴泰国，由泰国自行加装部分武器、作战系统等，最终于1998年正式投入使用。该舰以泰国曼谷王朝开国君主的名字命名，其舷号为911，9在佛教当中有吉祥之意，而11表示"上上"的意思。

"查克里·纳吕贝特"号航空母舰后方视角

舰体构造

"查克里·纳吕贝特"号航空母舰采用"滑跃"跑道设计，甲板首部斜坡上翘12度。飞行甲板之下为机库甲板，机库长100米。中间有防火帘将机库分成前、后两部分，共可存放15架"海王"直升机或12架AV-8B"海鹞Ⅱ"攻击机。如果在升降机平台及机库空余地上都停放飞机时，即可达到规定

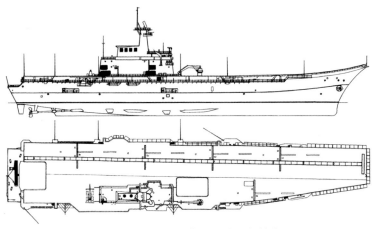

"查克里·纳吕贝特"号航空母舰结构图

"查克里·纳吕贝特"号航空母舰侧前方视角

的载机数量。机库内还有2座与水线下弹药舱相连的弹药升降机，专为飞机装弹。为了提高耐波性，该舰安装了展翼型防摇龙骨，并装设了2对液压自动控制的减摇鳍。

自卫武器

由于经费不足，"查克里·纳吕贝特"号航空母舰仅装备有3座六联装"萨德拉尔"防空导弹系统，可发射"西北风"近程防空导弹。

"查克里·纳吕贝特"号航空母舰（下）和美国海军"小鹰"号航空母舰（上）

电子设备

"查克里·纳吕贝特"号航空母舰配备了AN/SPS-52C对空搜索雷达、SPS-64对海搜索雷达、MX 1105型卫星导航系统、URN-25"塔康"导航系统等电子设备。由于该舰需担负泰国海军的舰队旗舰指挥任务，因此舰上设有相关的指挥装备，其战斗系统由西班牙负责整合，设有7具操控台以及1具辅助操控台，处理单元则为美制AN/UYK-43C主电脑以及AN/UYK-20中型电脑。

"查克里·纳吕贝特"号航空母舰侧前方仰视图

舰载飞机

　　与"阿斯图里亚斯亲王"号航空母舰相比，"查克里·纳吕贝特"号航空母舰在多项战术技术性能上有了显著的提高。该舰的满载排水量比"阿斯图里亚斯亲王"号航空母舰缩小了近三分之一，而载机量仅减少四分之一，单位排水量的载机率有所提高。

航行中的"查克里·纳吕贝特"号航空母舰

十秒速识

　　"查克里·纳吕贝特"号航空母舰借鉴了"阿斯图里亚斯亲王"号航空母舰的设计，但外型上更为美观。与"阿斯图里亚斯亲王"号航空母舰相比，"查克里·纳吕贝特"号航空母舰的柱状桅紧靠烟囱，岛式上层建筑有所延长。

"查克里·纳吕贝特"号航空母舰（前）与"阿斯图里亚斯亲王"
号航空母舰（后）

 ## 印度"维拉特"号航空母舰

"维拉特"（Viraat）号航空母舰原是英国"半人马"级航空母舰的四号舰"竞技神"号，1986年转售给印度。

基本参数	
满载排水量	28700 吨
全长	226.5 米
全宽	48.8 米
吃水	8.8 米
最高航速	28 节
最大航程	5670 海里
舰员人数	1350 人

研发历史

1986年4月，印度海军以2500万英镑的低价从英国购买了"竞技神"号航空母舰，经过改装和大修后改名"维拉特"号，同时购进的还有舰上使用的12架"海鹞"垂直/短距起降战斗机。1987年5月12日，改装完成的"维拉特"号开始服役。在"维兰玛迪雅"号航空母舰入役后，印度海军于2017年3月6日将"维拉特"号退役。

"维拉特"号航空母舰侧后方视角

舰体构造

"维拉特"号航空母舰经过了多次改装，舰首设有宽49米的"滑跃"甲板，上翘角度为12度，上升的斜坡长度为46米，以使舰载机能在较短的距离内滑跃升空。岛式上层建筑位于舰体右舷，低矮的方形烟囱位于岛式上层建筑中部，高大的主桅位于岛式上层建筑的后缘，安装有对空/对海搜索雷达和通信天线。起吊设备紧靠岛式上层建筑后方右舷。

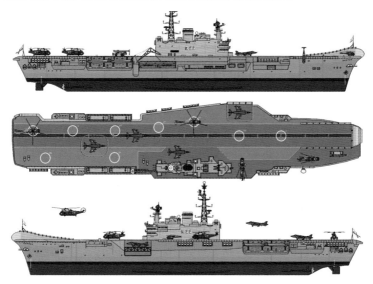

"维拉特"号航空母舰结构图

"维拉特"号航空母舰侧面视角

自卫武器

"维拉特"号航空母舰的自卫武器为2座八联装"海猫"舰对空导弹发射装置、2座三联装40毫米博福斯防空炮和2座双联装AK-230近程防御武器系统。

"维拉特"号航空母舰及其舰载机群

电子设备

"维拉特"号航空母舰配备了RAWL-02对空搜索雷达、RAWS-08对空/对海搜索雷达、EL/M-2221火控雷达、"拉希米"航海雷达、普莱西904型雷达、格莱斯比184M型壳体声呐等电子设备。

舰载飞机

"维拉特"号航空母舰的飞行甲板上共设有7个直升机停放区，可供多架直升机同时起降。机库内可搭载12架"海鹞"垂直/短距起降战斗机和7架"北极星"反潜直升机（或"猎豹"直升机和"海王"直升机）。实际作战时，可将"海鹞"垂直/短距起降战斗机的搭载量增至30架，但不能全部进入机库。

"维拉特"号航空母舰（上）和"维兰玛迪雅"号航空母舰（下）

"维拉特"号搭载的"海鹞"垂直／短距起降战斗机准备起飞

"维拉特"号航空母舰的舰首有上翘12度的"滑跃"甲板，大型岛式上层建筑位于舰体中部右舷。中等高度的封闭型桅杆位于岛式上层建筑的前缘，装有对空搜索雷达天线。

"维拉特"号航空母舰俯视图

日本"凤翔"号航空母舰

"凤翔"（Hōshō）号航空母舰是日本于1919年开始建造的航空母舰，一般被认为是世界上第一艘完工服役的专门设计的航空母舰。

基本参数	
满载排水量	10500 吨
全长	168.25 米
全宽	17.98 米
吃水	6.17 米
最高航速	25 节
最大航程	8680 海里
舰员人数	512 人

研发历史

一战后，日本开始加强海军建设。当获悉英国正在建造真正意义上的航空母舰的消息后，日本马上意识到建造世界上第一艘航空母舰对于确立其海军在世界上的地位的重要意义。就在英国"竞技神"号航空母舰开工两年多后的1919年12月，日本也开始建造命名为"凤翔"号的航空母舰。为了赶在英国"竞技神"号航空母舰之前完成，日本船厂夜以继日地施工。

1922年12月27日，"凤翔"号航空母舰在横须贺海军造船厂竣工，成为世界上第一艘真正的航空母舰。在二战中，"凤翔"号航空母舰没有取得多少战果，多数时候作为训练用舰。1945年日本战败投降后，"凤翔"号是日本唯一没有受损的航空母舰，曾作为运输舰运送海外日侨。1946年9月，"凤翔"号航空母舰正式退役并于大阪的日立造船厂解体。

刚刚下水的"凤翔"号航空母舰

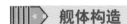

舰体构造

由于是日本第一艘航空母舰，"凤翔"号航空母舰的许多设计都有实验性风格。它打破了第一代航空母舰的"平原型"结构，一个小型岛式舰桥被设置在全通式飞行甲板的右舷。3个烟囱可向外侧倾倒，以免影响飞机起降作业。飞行甲板起飞段向下倾斜15度，以便飞机取得更高的加速度。舰内有前后两个机库，2座升降机沿飞行甲板中线布置。

由于"凤翔"号航空母舰的飞行甲板比较狭窄，岛式建筑在起降时显得非常碍事。为了保证舰载机的安全起降，日本于1924年又拆除了岛式建筑。在太平洋战争爆发前，"凤翔"号航空母舰进行了现代化改装，为搭载新式战机延长了飞行甲板。中途岛海战后又再度延长以及加宽飞行甲板，由于飞行甲板过度延长，导致第二次大改装后的"凤翔"号航空母舰耐波性不佳。

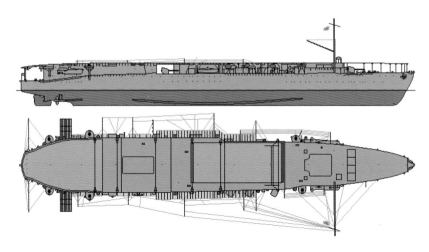

"凤翔"号航空母舰结构图

自卫武器

"凤翔"号航空母舰的自卫武器为4门三年式140毫米单装炮（1936年撤除）、2座三年式高射炮（1939年前撤除）、6挺九三式13毫米机枪（1936年加装）、4座双联装九六式机枪（1937年后加装）、10座三联装九六式机枪（1944年加装）。

动力装置

　　"凤翔"号航空母舰采用购自英国的2台"帕森斯"蒸汽轮机和日本国产的舰政本部水管锅炉，8台锅炉中有4台专烧重油，4台油煤混烧，在1922年11月30日的海试中曾达到22889千瓦输出功率。与同时期的一般军舰相比，"凤翔"号航空母舰有大量空间用于装载燃料，因此具有同时期军舰少有的近万海里续航力。

航行中的"凤翔"号航空母舰

舰载飞机

　　"凤翔"号航空母舰并没有采用全通式机库设计，机库分为前后两块，前机库只有一层，机库容积为67.2×9.5米，升降机大小为10.35×7.86米，设计为安置9架较小型的战斗机。后机库则为双层机库设计，专门安置6架较大的攻击机与6架预备机，机库容积两层大小不同，分别为16.5×14米和29.4×12米，升降机大小为13.71×6.34米。

"凤翔"号航空母舰搭载的舰载机

⊳ 十秒速识

　　"凤翔"号航空母舰在飞行甲板的右舷装有一个小型岛式舰桥，同在右舷的3个烟囱可向外侧倾倒。飞行甲板起飞段向下倾斜15度，2座升降机沿飞行甲板中线布置。

"凤翔"号航空母舰侧面视角

日本"苍龙"号航空母舰

　　"苍龙"（Sōryū）号是日本在二战中建造的航空母舰，曾参加太平洋战争初期的多场战斗，最后在中途岛海战中被击沉。

研发历史

　　"苍龙"号是日本第二次船舰补充计划中建造的舰艇之一。有别于"赤城"号与"加贺"号为巡洋舰改装，"苍龙"号最早的设计是"航空战舰"，是为了在《华盛顿海军条约》之下仍然拥有一定的海上制空权，后来却发现同时要搭载大量的飞机与大炮是行不通的，而转为专职的航空母舰。日本总结"赤城"号与"加贺"号的改装经验，将更成熟的技术运用

基本参数	
满载排水量	19100 吨
全长	227.5 米
全宽	21.3 米
吃水	7.6 米
最高航速	34 节
最大航程	7750 海里
舰员人数	1100 人

于"苍龙"号的建造。

"苍龙"号由吴港海军船厂建造，1934年11月20日开工，1935年12月23日下水，1937年12月29日完工并服役，隶属日本联合舰队第2航空战队。1941年12月8日，"苍龙"号参加了偷袭珍珠港的行动。因其续航力较强，于珍珠港攻击后返航途中又受命支援威克岛。之后，"苍龙"号主要在东印度群岛及澳大利亚北部地区作战。1942年6月5日中途岛海战中，"苍龙"号遭到美国海军航空队的俯冲轰炸机攻击，命中3发炸弹之后起火燃烧，随后爆炸沉没。

建造中的"苍龙"号航空母舰

舰体构造

"苍龙"号航空母舰飞行甲板为全通式设计，并有大容量的双层机库，而右舷的岛式舰桥也成为往后日本航空母舰的舰桥设计模仿对象。"苍龙"号航空母舰的缺点是装甲较薄，这也是它最终被炸弹击沉的原因之一。

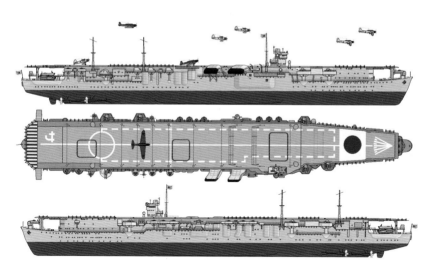

"苍龙"号航空母舰结构图

▶ 自卫武器

　　"苍龙"号航空母舰的自卫武器为6座双联装127毫米防空炮和14座双联装25毫米防空炮。

"苍龙"号航空母舰侧面视角

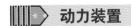

动力装置

"苍龙"号航空母舰的排水量虽然只有"赤城"号和"加贺"号航空母舰的一半左右，但却拥有更快的速度，其动力装置为4台舰政本部蒸汽轮机和8台舰政本部重油锅炉，113000千瓦的推进功率可将最高航速提升至34节，为日本所有正规航空母舰当中速度最快的一艘。

舰载飞机

"苍龙"号航空母舰可以搭载63架舰载机（包括9架备用机），包括21架"零"式舰载战斗机、21架九九式舰载轰炸机、21架九七式舰载攻击机。

十秒速识

"苍龙"号航空母舰的小型舰桥位于右舷前部，舰桥后方有向下弯曲的烟囱。

"苍龙"号航空母舰停泊在宿毛湾

日本"飞龙"号航空母舰

"飞龙"（Hiryū）号航空母舰是日本于20世纪30年代的第二次船舰补充计划中建造的航空母舰，曾作为日本的主力航空母舰参加二战。

研发历史

1934年，日本在第二次舰船补充计划中决定建造2艘"苍龙"级航空母舰，加上原有的"凤翔"号、"龙骧"号、"赤城"号和"加贺"号，意图与美国6艘条约型航空母舰（2艘"列克星敦"级、2艘"约克城"级、"大黄蜂"号和"游骑兵"号）的实力齐平。"飞龙"号原计划作为"苍龙"级的二号舰，采用与"苍龙"号相同的设计，不过在有了"加贺"号的改装经验与"苍龙"号的施

基本参数	
满载排水量	20570 吨
全长	227.4 米
全宽	22.3 米
吃水	7.8 米
最高航速	34 节
最大航程	10330 海里
舰员人数	1100 人

工经验之后，"飞龙"号的设计被大幅更改。完工时的"飞龙"号与"苍龙"号的舰型相差甚远，于是便独立成为"飞龙"级。

"飞龙"号由横须贺海军船厂建造，1936年7月8日开工，1937年11月16日下水，1939年7月5日完工，之后与"苍龙"号一起编入日本联合舰队第2航空战队。在二战中，"飞龙"号参加了珍珠港、南太平洋和印度洋的战斗，最终在1942年6月中途岛海战中被击沉。

沉没前的"飞龙"号航空母舰

舰体构造

与"苍龙"号比，"飞龙"号进一步加强了舰体结构强度，大大提高了舰首干舷。另外，由于改进了装甲防护，"飞龙"号舰体更宽，排水量更大。有别于"苍龙"号的双船舵设计，"飞龙"号改成了单船舵。在外观上，"飞龙"号的突出变化是：岛式上层建筑改到了左舷（"苍龙"号为右舷）。

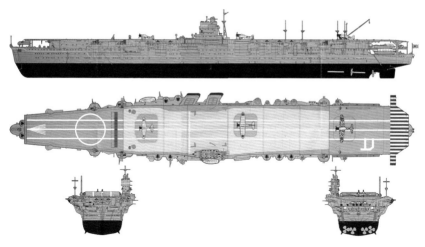

"飞龙"号航空母舰结构图

自卫武器

　　"飞龙"号航空母舰的自卫武器为6座双联装127毫米40倍口径防空炮、5座双联装25毫米防空炮和7座三联装25毫米防空炮。

动力装置

　　"飞龙"号航空母舰的动力装置为4台舰政本部蒸汽轮机和8台

"飞龙"号航空母舰开始海试

舰政本部重油锅炉，推进功率为114000千瓦。以18节速度航行时，"飞龙"号航空母舰的续航距离为10330海里。

舰载飞机

　　"飞龙"号航空母舰最多可以携带64架舰载机（包括9架备用机），一般情况下携带57架舰载机，包括21架"零"式舰载战斗机、18架九九式舰载轰炸机和18架九七式舰载攻击机。

▶ 十秒速识

"飞龙"号航空母舰的舰首干舷较高，岛式上层建筑位于舰体左舷，靠近舰体中部。

"飞龙"号航空母舰侧面视角

日本"云龙"级航空母舰

"云龙"（Unryū）级航空母舰是日本在二战中建造的航空母舰，一共建造了3艘。

基本参数	
满载排水量	22400 吨
全长	227.35 米
全宽	22 米
吃水	7.86 米
最高航速	34 节
最大航程	8000 海里
舰员人数	1500 人

研发历史

1941年，日美关系持续恶化，日本为对抗美国海军太平洋舰队而筹备的战时紧急建造计划（简称"急"计划）中，加入了"云龙"级航空母舰。因属紧急建造的舰种，"云龙"级航空母舰直接使用稍稍修正的"飞龙"号航空母舰设计图，几乎没有新增任何设计。该级舰原计划建造16艘，因战局恶化导致资源和生产力不足，最终只有3艘（"云龙"号、"天城"号、"葛城"号）完工，在建的3艘（"笠置"号、"阿苏"号、"生驹"号）被暂停建造，二战结束后被拆解。

"云龙"级航空母舰侧面视角

舰体构造

　　"云龙"级航空母舰基本上沿用"飞龙"号航空母舰的设计图，不过舰桥的位置与形状有所变化。鉴于"飞龙"号的舰桥在左舷中部而引起湍流的情况，"云龙"级将舰桥设在右舷前部，舰桥之后紧接着是侧向烟囱。"云龙"级的飞行甲板的大小与"飞龙"号的一样，长216.9米，飞行甲板前后各装有1座升降机（比"飞龙"号少1座中部升降机），均大型化（14×14米），以适应不断增大的新式舰载机的需要。

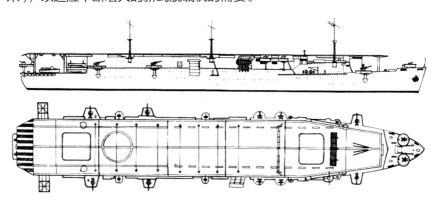

"云龙"级航空母舰结构图

自卫武器

　　"云龙"级航空母舰的自卫武器为6座双联装八九式127毫米防空炮、21座三联装25毫米防空炮和30门25毫米单装炮。

动力装置

　　"云龙"级航空母舰的动力装置为4台舰政本部蒸汽轮机和8台舰政本部重油水管锅炉，推进功率为113000千瓦。以18节速度航行时，"云龙"级航空母舰的续航距离为8000海里。

航行中的"云龙"级航空母舰

舰载飞机

　　"云龙"级航空母舰计划搭载的舰载机为"零"式舰载战斗机15架，九七式舰载攻击机20架，九九式舰载轰炸机30架，共65架。因机库收容不下这么多飞机，便决定将其中11架系留在飞行甲板上。"云龙"级还接受海战的经验教训，改善机库的防火与通风条件。机库分上下两层，上层分4个区，下层3个区，上下两层每隔3米设有一个灭火喷射头。

十秒速识

　　"云龙"级航空母舰的小型舰桥位于舰体右舷前部，舰桥后有侧向烟囱。舰首为双曲线状，适航性能良好。

停泊在港口中的"云龙"级航空母舰

Chapter 5
护航航空母舰

　　护航航空母舰是由商船改装而来，主要用于为商船护航。它们一般是在运输船队前方展开，用舰载机侦察、攻击潜艇，或引导水面舰只实施攻击。护航航空母舰除护航外，还时常担负运输船的角色。

美国"长岛"级航空母舰

　　"长岛"(Long Island)级航空母舰是美国在二战中建造的护航航空母舰,一共建造了2艘。

研发历史

　　1940年10月,美国总统罗斯福批准将一批商船改装成护航航空母舰。根据总统的命令,1941年用"莫麦克梅尔"号货船改装而成的"长岛"号成为美国第一艘护航航空母舰。美国海军护航航空母舰的舰种代号最初为AVG,后改为ACV,不久又改为CVE,而"长岛"号的舷号

基本参数	
满载排水量	13716 吨
全长	142.75 米
全宽	21.21 米
吃水	8.86 米
最高航速	16.5 节
最大航程	14550 海里
舰员人数	555 人

为CVE-1。该舰于1941年6月开始服役，1946年3月退出现役。

二战期间，美国凭借雄厚的工业实力，共建造了124艘护航航空母舰，其中有38艘提供给了英国海军，包括"长岛"号的同级舰"射手"号（D78）。"射手"号于1941年11月开始服役，1943年11月退出现役。

"长岛"级航空母舰停泊在北岛海军航空站

舰体构造

"长岛"级航空母舰的设计十分粗糙，一个架设在框架结构上的木制飞行甲板覆盖了原来货轮的70%，附加式机库位于飞行甲板后端的下方。该级舰没有岛型舰桥，仅在飞行甲板的前部有一个小型航海舰桥。

自卫武器

"长岛"级航空母舰装有1门127毫米单管炮，2门76毫米单管炮，以及若干20毫米舰炮。在实际使用中，英国海军发现"长岛"级航空母舰的机械性能非常差，在战争中几乎没有什么像样的战绩。

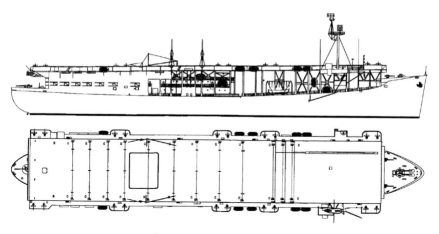

"长岛"号航空母舰结构图

"长岛"号航空母舰侧前方视角

动力装置

"长岛"级航空母舰的动力装置为4台七缸布施·苏尔寿柴油机，单台功率为1540千瓦。以10节速度航行时，该级舰的最大续航距离可达14550海里。

航行中的"长岛"级航空母舰

舰载飞机

"长岛"号航空母舰可搭载21架舰载机，而"射手"号航空母舰可搭载15架舰载机。

"长岛"级航空母舰的舰载机着舰失败

100

十秒速识

　　"长岛"级航空母舰的舰体顶部为木制飞行甲板，右舷设有简易的舰桥和桅杆。

停泊在港口中的"长岛"级航空母舰

美国"军马"级航空母舰

"军马"（Charger）级是美国在二战中建造的护航航空母舰，共建造了4艘，主要在英国海军服役。

研发历史

继"长岛"级航空母舰之后，美国继续根据《租借法案》实施援英造舰计划，用C3型标准货船改建成4艘"军马"级护航航空母舰，分别为："复仇者"号（D14）、"欺骗者"号（D97）、"冲击者"号（D37）、"军马"号（CVE-30）。因太平洋战争爆发，美国海军除将"军马"号用作训练舰外，其余各舰均于1942年3月转交英国海军。因此，英国海军也将该级舰称为"复仇者"（Avenger）级。

基本参数	
满载排水量	9000 吨
全长	150.04 米
全宽	20.19 米
吃水	7.09 米
最高航速	16.5 节
最大航程	10000 海里
舰员人数	555 人

"军马"级航空母舰侧后方视角

▌▌▌🌟▷ 舰体构造

　　"军马"级航空母舰是以C3货船的船体改装而来，与"长岛"级航空母舰相比，"军马"级航空母舰拥有更长的飞行甲板、更大的机库和一个小型岛型舰桥。

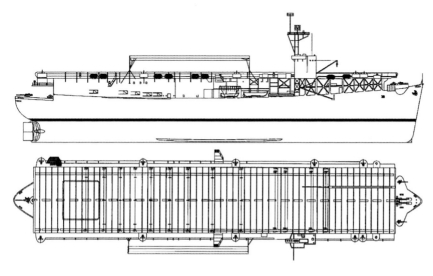

"军马"级航空母舰结构图

▌▌▌🌟▷ 自卫武器

　　"军马"级航空母舰的自卫武器包括1门127毫米舰炮，2门76毫米舰炮，以及10~15门20毫米舰炮。该级舰交付英国海军后，舰上部分美制火炮被换成了英国本土的产品。

▌▌▌🌟▷ 动力装置

　　"军马"级航空母舰的动力装置为4台威廉多克斯福德父子公司的六缸柴油机，总功率为6252千瓦。

"复仇者"号航空母舰俯视图

航行中的"欺骗者"号航空母舰

舰载飞机

　　"军马"级航空母舰可以搭载15～21架舰载机，可搭载的机型包括美国格鲁曼公司的F4F"野猫"战斗机（英国称其为"岩燕"战斗机），沃特公司的F4U"海盗"战斗机，英国费尔雷飞机公司的"剑鱼"鱼雷轰炸机，霍克飞机公司的"海飓风"战斗机，超级马林公司的"海喷火"战斗机等。

F4U"海盗"战斗机降落在"军马"号航空母舰上

十秒速识

　　"军马"级航空母舰的舰体顶部为木制飞行甲板，比"长岛"级航空母舰的飞行甲板更长。右舷有一个小型岛型舰桥。

"军马"级航空母舰前方视角

美国"博格"级航空母舰

"博格"（Bogue）级航空母舰是美国在二战中建造的护航航空母舰，共建造了45艘，主要在美国海军和英国海军服役。

研发历史

二战爆发后，德国潜艇频频袭击英国港口的舰船和缺乏有效保护的运输船队。1941年，美国参战，德国又故技重施，出动潜艇袭扰美国沿岸。为此，美国的岸基飞机加强了反潜，但是航行在太平洋和大

基本参数	
满载排水量	16620 吨
全长	151 米
全宽	21.2 米
吃水	7.9 米
最高航速	18 节
最大航程	26300 海里
舰员人数	646 人

西洋的运输船队却依然缺乏飞机支援。在这种情况下，美、英两国都迫切需要装备大量护航航空母舰用于反潜护航。在此之前，美国已经有建造护

航航空母舰的经验。1942年，美国海军部批准了1942年造舰计划，用C3型标准货船船体改装新型的护航航空母舰，即"博格"级。

在美国原本的造舰规划中，"博格"号实际上是同级舰中的四号舰，但因为前三艘同级舰在完工后全都移交给英国海军使用，使得"博格"号成为首艘在美国海军服役的同级舰，因此被作为舰级命名。"博格"级航空母舰原计划建造49艘，实际建成45艘，分成两批建造：第一批建造了21艘，其中有10艘交付美国海军，11艘交付英国海军，被英国海军命名为"攻击者"（Attacker）级；第二批建造了24艘，其中有1艘交付美国海军，23艘交付英国海军，被英国海军命名为"统治者"（Ruler）级。

"博格"级航空母舰侧前方仰视图

舰体构造

"博格"级航空母舰全部是在C3-S-A1货船的基础上加装机库和飞行甲板而成，与"长岛"级和"军马"级航空母舰相比，"博格"级的改动幅度更大，性能更加出色（据称"博格"级在很多方面的性能甚至优于后来大量建造的"卡萨布兰卡"级）。"博格"级用蒸汽轮机替代了柴油机，航行速度更快，其飞行甲板的面积也更大，并且增加了1座升降机（达到2座）。不过，"博格"级机库的甲板保留了C3货船甲板的弧度，给飞机作业造成了一定困难，这个问题在风浪较大的情况下尤为突出。

鉴于其护航航空母舰的特点，"博格"级的防护十分薄弱。水线、木制飞行甲板和指挥塔均无装甲保护。这对于很少直接面对敌方主力舰只的护航航空母舰来说并无大碍，护航航空母舰不可能也没有必要花很大代价来增强装甲防护。实战也证明了这一点，"博格"级在战争中只战沉1艘。

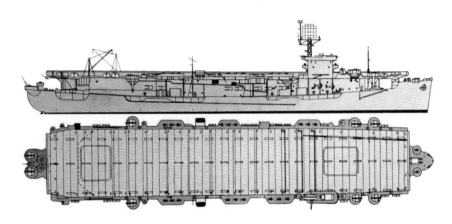

"博格"级航空母舰结构图

▶ 自卫武器

"博格"级航空母舰的自卫武器为2门127毫米单管舰炮、4座双联装40毫米舰炮，以及10～35门20毫米舰炮。127毫米单管舰炮均布置在舰尾，用于对舰和防空。该炮初速为729米/秒，最大射速为22发/分，最大射程15.8千米，射高11.4千米；40毫米舰炮的初速为881米/秒，最大射速120发/分，最大射程10.2千米，射高6.8千米；20毫米舰炮的初速为844米/秒，战斗射速为320发/分，最大射程5.7千米，射高3千米，能够360度旋转。

"博格"级航空母舰左舷视角

动力装置

　　"博格"级航空母舰的动力装置为2台蒸汽锅炉，总功率为6252千瓦。以15节速度航行时，"博格"级航空母舰的续航距离可达26300海里。

高速航行的"博格"级航空母舰

舰载飞机

　　"博格"级航空母舰一般情况下携带24架舰载机，最多能搭载28架舰载机，如果作为飞机运输船时能携带多达100架飞机。在大西洋的行动中，"博格"级一般搭载的是F4F"野猫"战斗机和TBF"复仇者"鱼雷轰炸机，其中"复仇者"鱼雷轰炸机一般占多数。

满载舰载机的"博格"级航空母舰

十秒速识

　　"博格"级航空母舰的岛式上层建筑在右舷外侧，从而使飞行甲板完全直通。

"博格"级航空母舰俯视图

美国"桑加蒙"级航空母舰

"桑加蒙"(Sangamon)级是美国在二战中建造的护航航空母舰,一共建造了4艘。

研发历史

1942年,美国海军正在建造"博格"级护航航空母舰,由于当时C3型标准货船的数量不足,为了能够尽快建造更多的护航航空母舰,美国海军便将"博格"级的建造数量由49艘改为45艘,拿出4艘份额来建造"桑加蒙"级(采用1936年商船计划中体积大、速度快的油船船体)。

基本参数	
满载排水量	24275 吨
全长	169 米
全宽	35 米
吃水	9.8 米
最高航速	18 节
最大航程	23900 海里
舰员人数	1080 人

首舰"桑加蒙"号（CVE-26）和四号舰"桑提"号（CVE-29）于1942年8月开始服役，二号舰"苏万尼"号（CVE-27）和三号舰"切南戈"号（CVE-28）于1942年9月开始服役。"桑加蒙"级航空母舰建成后即参加盟军在北非的登陆作战，从而开创了护航航空母舰作为舰队航空母舰使用的先例。稍后还参加了诺曼底登陆战。到1944年年中才调往太平洋参加对日作战，参加了莱特湾海战。之后还参加了硫磺岛登陆战和冲绳岛登陆战。战后，"桑加蒙"级航空母舰于1959年全部退役。

"桑加蒙"级航空母舰在所罗门群岛

舰体构造

"桑加蒙"级航空母舰是以油船为基础改装而来，其舰体尺寸比美国此前建造的"长岛"级、"军马"级和"博格"级护航航空母舰都要大。同时，"桑加蒙"级的动力装置也更为强劲，因此即便排水量大幅增加，最高航速也不逊色于上述三种护航航空母舰。

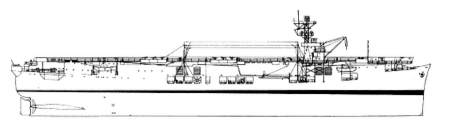

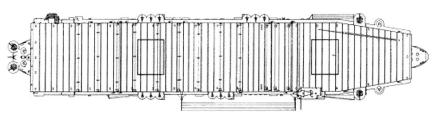

"桑加蒙"级航空母舰结构图

自卫武器

　　"桑加蒙"级航空母舰的自卫武器为2门127毫米单管舰炮、8座双联装40毫米舰炮和12门20毫米单管舰炮。

"桑加蒙"级航空母舰侧面视角

动力装置

　　"桑加蒙"级航空母舰的动力装置为2台蒸汽锅炉，总功率为10067千瓦。以15节速度航行时，"桑加蒙"级航空母舰的续航距离可达23900海里。

"桑加蒙"级航空母舰在港湾内航行

舰载飞机

　　"桑加蒙"级航空母舰可搭载25～32架舰载机，主要机型为美国格鲁曼公司的F4F"野猫"战斗机和TBF"复仇者"鱼雷轰炸机，或者道格拉斯公司的SBD"无畏"俯冲轰炸机。

"桑加蒙"级航空母舰上的SBD"无畏"俯冲轰炸机

十秒速识

　　"桑加蒙"级航空母舰的中部干舷较低，因原本是油船甲板，用来装设补油设备。舰首的飞行甲板宽度收缩，装有2座升降机。

"桑加蒙"级航空母舰侧前方视角

美国"卡萨布兰卡"级航空母舰

"卡萨布兰卡"（Casablanca）级航空母舰是美国在二战中建造的护航航空母舰，一共建造了50艘。

基本参数	
满载排水量	10902 吨
全长	156.1 米
全宽	32.9 米
吃水	6.9 米
最高航速	20 节
最大航程	10240 海里
舰员人数	860 人

研发历史

随着战局的发展，美国总统罗斯福强调要多造护航航空母舰。为此，美国海事委员会提出了批量生产的方案，凭借美国工业的强大实力，仅一年时间，美国船厂便造出了50艘护航航空母舰，并命名为"卡萨布兰卡"级。该级舰于1943年7月8日开始服役，到1944年7月8日完成了所有同级舰的建造工作，平均每周都有1艘航空母舰下水。"卡萨布兰卡"级航空母舰大部分以太平洋沿岸的海湾命名，舷号为CVE-55至CVE-104。

不同于"博格"级航空母舰，"卡萨布兰卡"级航空母舰都留在了美国海军服役。在二战中，只有5艘"卡萨布兰卡"级航空母舰被击沉。战后，大部分"卡萨布兰卡"级航空母舰被拆解，少部分被转作他用，最后一艘"泰芬斯湾"号（CVE-90）于1964年被拆毁。

"卡萨布兰卡"级航空母舰侧面视角

舰体构造

　　"卡萨布兰卡"级航空母舰是美国第一级一开始就按护航航空母舰标准进行设计的航空母舰，而之前的护航航空母舰都是改装而来。由于采用流水线作业、焊接工艺以及采用高度标准化的零部件，"卡萨布兰卡"级航空母舰的建造非常迅速。该级舰的装甲很少，只有舰桥和鱼雷库周围安装了一些装甲板。

"卡萨布兰卡"级航空母舰结构图

自卫武器

　　"卡萨布兰卡"级航空母舰的自卫武器为1门127毫米单管舰炮、8座双联装40毫米博福斯舰炮和20门20毫米厄利空舰炮。

"卡萨布兰卡"级航空母舰侧前方视角

动力装置

　　"卡萨布兰卡"级航空母舰的动力装置为2台五缸往复式蒸汽轮机、4台锅炉和2具螺旋桨，总功率为6700千瓦。以15节速度航行时，"卡萨布兰卡"级航空母舰的续航距离为10240海里。

"卡萨布兰卡"级航空母舰俯视图

舰载飞机

　　"卡萨布兰卡"级航空母舰在设计上比"博格"级航空母舰有了进一步的改进，弥补了在恶劣天气状况里起降飞机困难的缺点。该级舰装有2座升降机和1座弹射器，一般搭载27架舰载机，分别为9架F4F"野猫"战斗机、9架TBF"复仇者"鱼雷轰炸机、9架SBD"无畏"俯冲轰炸机。在某些情况下，也配置18架鱼雷轰炸机，取消俯冲轰炸机。在实际战斗中，这个配置也会发生种种变化，如"彼得罗夫湾"号（CVE-80）就曾搭载过16架F4F"野猫"战斗机和12架TBF"复仇者"鱼雷轰炸机。

满载舰载机的"卡萨布兰卡"级航空母舰

▌▌▌▷　十秒速识

　　"卡萨布兰卡"级航空母舰的飞行甲板和上层建筑与"博格"级航空母舰相似，岛式上层建筑设在右舷外侧。

"卡萨布兰卡"级航空母舰的舰载机经过岛式上层建筑

美国"科芒斯曼特湾"级航空母舰

"科芒斯曼特湾"（Commencement Bay）级航空母舰是美国二战中建造的护航航空母舰，共建造了19艘。

研发历史

"科芒斯曼特湾"级航空母舰的首舰于1943年1月23日登记注册，1944年11月27日开始服役。该级舰原计划建造33艘，二战结束后有14艘被取消建造，因此最终建成数量为19艘。

"科芒斯曼特湾"级航空母舰服役时已经是二战后期，因此很少或没有

基本参数	
满载排水量	24500 吨
全长	170 米
全宽	32.1 米
吃水	9.4 米
最高航速	19 节
最大航程	10200 海里
舰员人数	1066 人

参加实战。二战结束后，该级舰被当作直升机航空母舰、反潜航空母舰或运输舰使用。到20世纪70年代初，"科芒斯曼特湾"级航空母舰全部退役。

舰体构造

　　"科芒斯曼特湾"级航空母舰是基于美国海事委员会T3型油轮的船体改装而来，其总体布局和"桑加蒙"级航空母舰相似，但对一些"桑加蒙"级的工程缺陷进行了处理。

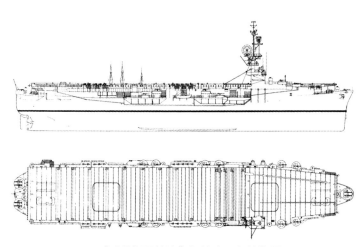

"科芒斯曼特湾"级航空母舰结构图

自卫武器

"科芒斯曼特湾"级航空母舰的自卫武器为1门127毫米舰炮、3座四联装40毫米舰炮，12座双联装40毫米舰炮，以及一定数量的20毫米舰炮。

"科芒斯曼特湾"级航空母舰侧后方俯视图

动力装置

"科芒斯曼特湾"级航空母舰的动力装置为2台蒸汽轮机，总功率为11768千瓦。以15节速度航行时，"科芒斯曼特湾"级航空母舰的续航距离为10200海里。

高速航行中的"科芒斯曼特湾"级航空母舰

舰载飞机

　　"科芒斯曼特湾"级航空母舰可以搭载34架舰载机，具体机型与"卡萨布兰卡"级航空母舰相似，包括F4F"野猫"战斗机、TBF"复仇者"鱼雷轰炸机和SBD"无畏"俯冲轰炸机等。

"科芒斯曼特湾"级航空母舰开始搭载早期直升机（1955年）

十秒速识

　　"科芒斯曼特湾"级航空母舰的主要尺寸和外形与"桑加蒙"级航空母舰十分相似，烟囱布置在中部偏后的两舷，岛式上层建筑相当简单。

"科芒斯曼特湾"级航空母舰前方视角

英国"大胆"号航空母舰

"大胆"（Audacity）号航空母舰是英国在二战中建造的护航航空母舰，1941年6月开始服役。

研发历史

"大胆"号航空母舰原为德国商船"汉诺威"号，后者由德国不莱梅伏尔坎船厂建造，1939年3月29日下水，1939年5月10日开始服役。1940年3月7日，"汉诺威"号在西印度群岛附近被英国海军缴获，最初仍被

基本参数	
满载排水量	12000 吨
全长	142.42 米
全宽	17.15 米
吃水	8.38 米
最高航速	15 节
最大航程	12000 海里
舰员人数	480 人

作为商船使用，重新命名为"辛巴德"号。1940年11月11日，更名为"大胆帝国"号，作为运兵船使用。

　　1941年1月至6月，"大胆帝国"号在伯斯船厂进行改装，1941年6月20日重新入役，更名为"大胆"号护航航空母舰。该舰主要为来往直布罗陀的船队护航，1941年12月21日被德军U-751号潜艇击沉于葡萄牙外海，从被击中到沉没花了12小时。

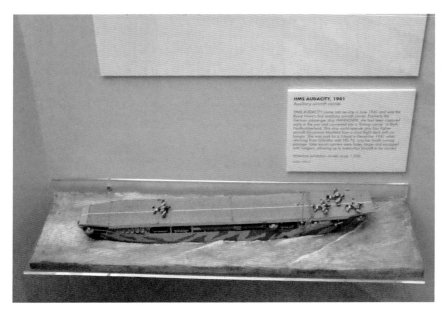

英国利物浦海事博物馆中的"大胆"号航空母舰模型

舰体构造

　　"大胆"号航空母舰对"汉诺威"号商船的主甲板进行了改装，增加了全通飞行甲板。烟囱位置后移，没有机库与岛型舰桥。

自卫武器

　　"大胆"号航空母舰的自卫武器为1门102毫米45倍径舰炮、1门57毫米舰炮、4门40毫米防空舰炮和4门20毫米防空舰炮。

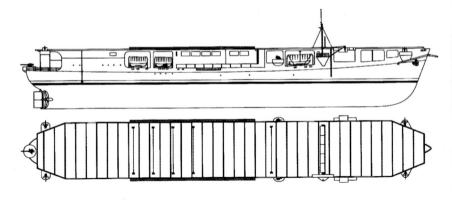

"大胆"号航空母舰结构图

动力装置

"大胆"号航空母舰的动力装置为1台德国曼公司的七缸柴油机，最大功率为3900千瓦。

舰载飞机

"大胆"号航空母舰可以搭载6架舰载机，主要型号为英国费尔雷飞机公司的"剑鱼"鱼雷轰炸机。虽然该舰非常简陋，舰载机数量也不多，但却开创了舰载航空兵反潜的新纪元。

十秒速识

"大胆"号航空母舰的舰体顶部有全通飞行甲板，但没有岛式上层建筑。

航行中的"大胆"号航空母舰

Chapter 6

准航空母舰

准航空母舰是排水量和作战功能等方面与航空母舰相似，但因特定原因未被划归为航空母舰的作战舰艇。

俄罗斯"莫斯科"级反潜巡洋舰

　　"莫斯科"（Moskva）级反潜巡洋舰是苏联于20世纪60年代建造的直升机航空母舰，共建造了2艘，在1967—1991年服役。

研发历史

　　20世纪60年代，美苏冷战正酣。1960年7月，美国"华盛顿"号核潜艇成功进行"北极星"弹道导弹水下发射试验。1961年8月，美国建造的第一艘专门用来携带16枚"北极星"弹道导弹的核潜艇"伊桑·艾伦"号开始服役。为了应对美国弹道导弹核潜艇的威胁，时任苏联海

基本参数	
满载排水量	17500 吨
全长	196.6 米
全宽	35 米
吃水	7.6 米
最高航速	31 节
最大航程	14000 海里
舰员人数	850 人

军总司令的戈尔什科夫元帅批准了1123型反潜巡洋舰的战役战术任务书。该任务书要求新舰必须搭载14架卡-25反潜直升机，因此1123型实际上就是一种直升机航空母舰。不过，当时苏军高层信奉"核战至上论"，认为航空母舰没有价值，所以1123型只能以"反潜巡洋舰"的角色去回避政治定位。

　　1123型反潜巡洋舰由苏联海军造船管理局委托列宁格勒（现圣彼得堡）的第17中央设计局设计，总设计师是萨维乔夫。1962年1月，在经过部分修改后，新舰的技术设计获得批准。首舰"莫斯科"号于1962年12月开工，1965年1月下水，1967年12月服役。二号舰"列宁格勒"号于1965年1月开工，1968年7月下水，1969年6月服役。因"莫斯科"号和"列宁格勒"号服役后被指在风浪较大的海面行进时操控性不佳，三号舰"基辅"号被取消建造。

美国海军 A-6 攻击机在"莫斯科"级反潜巡洋舰上空飞行

▌▌▌▌▷ 舰体构造

　　"莫斯科"级反潜巡洋舰采用混合式舰型，舰体前半部为典型的巡洋舰布置，舰体后半部则是宽敞的直升机飞行甲板。该级舰的前甲板布满了各式武器系统，其中大部分为反潜武器。"莫斯科"级反潜巡洋舰原本考虑采用燃气轮机作为动力，由于技术达不到要求，转而使用了高压蒸汽锅炉。

"莫斯科"级反潜巡洋舰侧后方视角

▌▌▌▌▷ 自卫武器

　　"莫斯科"级反潜巡洋舰的舰首有2座十二联装RBU-6000反潜火箭发射架，其后方为1座双联装SUW-N-1反潜导弹发射架，再后方为2座SA-N-3防空导弹发射架，舰桥两侧另有2座双联装57毫米防空炮。此外，还有5座双联装533毫米鱼雷发射管。

"莫斯科"级反潜巡洋舰侧面视角

电子设备

"莫斯科"级反潜巡洋舰装有"顶帆"对空搜索雷达、"顶罩"对空搜索雷达、"头灯"防空导弹制导雷达、"驼鹿颚"低频声呐和"马尾"可变深度声呐等侦搜设备。

"莫斯科"级反潜巡洋舰俯视图

舰载飞机

　　"莫斯科"级反潜巡洋舰的飞行甲板面积为2754平方米，占据了几乎一半的甲板面积，飞行甲板与机库之间有2座升降机。该级舰最多可搭载30架直升机，主要型号为卡-25"激素"反潜直升机和Mi-8"河马"运输直升机。虽然曾有Yak-38垂直起降战斗机在舰上进行测试，但是最终未能正式列装。在特殊情况下，"莫斯科"级反潜巡洋舰也可搭载Mi-14扫雷直升机，不过由于该机体形过于庞大，无法经由升降机进入机库，因此只能停放在甲板上。

"莫斯科"级反潜巡洋舰尾部的飞行甲板

十秒速识

　　"莫斯科"级反潜巡洋舰的舰体高大，带有强烈的俄式舰艇风格，舰体前半截与导弹巡洋舰无异，而自中段烟囱开始，后半截如刀削般出现了一大块直升机起降平台。

航行中的"莫斯科"级反潜巡洋舰

 # 法国"圣女贞德"号航空巡洋舰

"圣女贞德"（Jeanne d'Arc）号航空巡洋舰是法国于20世纪60年代建造的直升机航空母舰，在1964—2010年服役。

研发历史

"圣女贞德"号航空巡洋舰是第六艘以英法百年战争中的法国传奇人物——圣女贞德命名的军舰。该舰于1960年7月7日动工建造，1961年9月30日下水，1964年7月16日正式服役，取代法国海军原有的一艘同样名为"圣女贞德"号的训练舰。

"圣女贞德"号航空巡洋舰可操作数架

基本参数	
满载排水量	12365 吨
全长	182 米
全宽	24 米
吃水	7.5 米
最高航速	28 节
最大航程	6800 海里
舰员人数	627 人

直升机进行反潜、两栖垂直登陆或空中扫雷等作战任务，此外还担任法国海军军官学校的训练舰，担负应届毕业生的年度例行远航训练任务。由于构型特殊，且曝光率高，该舰成为冷战时期法国海军的象征性军舰。2010年5月27日，"圣女贞德"号航空巡洋舰退出现役。

"圣女贞德"号航空巡洋舰在塞纳河中

舰体构造

　　"圣女贞德"号航空巡洋舰的舰体前部采用类似一般水面舰只的构型，舰首配备武器装置，舰桥结构占据舰体前半段。舰桥结构后方紧接着是一块长62米、宽21米的直升机起降甲板，比舰体主甲板高出一层，甲板下方的空间规划成机库。起降甲板有3个直升机起降点，最多能同时让3架直升机起降，起降甲板末端则设有1座升降机来连通机库。

"圣女贞德"号航空巡洋舰俯视图

自卫武器

"圣女贞德"号航空巡洋舰装有4门100毫米M1964型自动舰炮，其中2门位于舰桥前方两侧，另外2门横列于舰尾。该舰炮最大仰角80度，最大射速高达80发/分，对空射程8千米，对海射程9千米，炮弹重13.5千克。该级舰的舰首装有6座射程40千米的MM38"飞鱼"反舰导弹发射架，舰上还有4挺12.7毫米机枪。2000年，"圣女贞德"号航空巡洋舰舰尾的2门100毫米舰炮被拆除。

"圣女贞德"号航空巡洋舰侧后方视角

电子设备

"圣女贞德"号航空巡洋舰的火控系统包括3部带有电视追踪的DRBC-32A火控雷达（I频），用来导控100毫米舰炮，此外还有2部萨基姆DMAA光学瞄准仪。舰上的主要侦搜设备包括1部位于主桅杆前方平台的DRBV-22对空搜索雷达、1部位于主桅杆上的DRBV-51平面搜索雷达以及2部DRBN-34导航雷达，以及导引直升机起降作业的SRN-6战术空中导航系统。1989—1990年，"圣女贞德"号航空巡洋舰进行大规模现代化改装，大幅更新电子系统，强化电子战设备。

"圣女贞德"号航空巡洋舰在港湾内航行

舰载飞机

　　在执行作战任务时，"圣女贞德"号航空巡洋舰可搭载8架SA-321G"超级大黄蜂"直升机或"山猫"直升机，攻击敌方水面舰艇。而在平时，"圣女贞德"号航空巡洋舰主要作为训练舰使用，配备"云雀""海豚"或"超级美洲豹"等直升机。

"圣女贞德"号航空巡洋舰左舷视角

十秒速识

"圣女贞德"号航空巡洋舰的舰体前半部为整体岛式建筑，中后部为宽大的直升机飞行甲板。

"圣女贞德"号航空巡洋舰在风浪中航行

西班牙"胡安·卡洛斯一世"号战略投送舰

"胡安·卡洛斯一世"（Juan Carlos I）号战略投送舰是西班牙自主设计建造的多用途战舰，融合了轻型航空母舰与两栖攻击舰功能，2010年9月开始服役。

基本参数	
满载排水量	24660 吨
全长	230.82 米
全宽	32 米
吃水	7.07 米
最高航速	21 节
最大航程	9000 海里
舰员人数	433 人

研发历史

为了弥补"加里希亚"级两栖船坞登陆舰的不足，西班牙海军在2001年提出要建造吨位更大、装载能力和作战能力更强的两栖战舰，并称其为"战略投送舰"（Strategic Projection Ship，SPS）。该舰由西班牙伊萨尔集团（2005年改组为纳万蒂亚公司）负责设计建造，合同于2002年12月签署，2003年9月获得西班牙国防部批准并展开设计工作，2005年5月20日开始切割第一块钢板。

该舰原计划于2007年11月下水，2008年12月正式服役，不过实际上在2009年9月22日才下水，并以时任西班牙国王的名字命名为"胡安·卡洛斯一世"号，舰号为L-61。2010年9月30日，该舰正式交付西班牙海军。"胡安·卡洛斯一世"号战略投送舰原定预算3.6亿欧元，最终的实际花费则上涨到4.62亿欧元。

"胡安·卡洛斯一世"号战略投送舰搭载的 AV-8B 攻击机

舰体构造

"胡安·卡洛斯一世"号战略投送舰采用钢质舰体，航空母舰式的舰岛位于右舷，全通式飞行甲板长202米，宽32米，飞行甲板尺寸略小于英国"无敌"级航空母舰。飞行甲板上设有2座升降机，其中一座位于舰岛前方，另一座位于飞行甲板末端，这种配置与"阿斯图里亚斯亲王"号航空母舰类似。舰体由上而下分为 4 层：大型全通飞行甲板层、轻型车库和机库层、船坞和重型车库层、居住层。舰体两侧设有稳定鳍，使舰尾的坞舱在4级海况下仍能进行登陆载具的收放。

"胡安·卡洛斯一世"号战略投送舰侧前方视角

"胡安·卡洛斯一世"号战略投送舰侧后方视角

　　"胡安·卡洛斯一世"号战略投送舰采用复合燃气涡轮机与柴油机电力推进方式，主机组合包括1台美国通用电气公司授权西班牙圣塔芭芭拉公司生产的LM2500燃气轮机（功率20兆瓦）以及2台德国MAN 3240 16V柴油机（单台功率7.7兆瓦）。总的来说，"胡安·卡洛斯一世"号战略投送舰的设计更注重适航性、装载能力和自持力，不太注重航行速度。

自卫武器

　　"胡安·卡洛斯一世"号战略投送舰装有4门20毫米厄利空防空机炮与4挺12.7毫米机枪等武器，并且预留了加装防空导弹垂直发射系统或美制"拉姆"短程防空导弹的空间。

"胡安·卡洛斯一世"号战略投送舰侧方视角

电子设备

　　"胡安·卡洛斯一世"号战略投送舰装有LANZA-N对空搜索雷达和"白羊座"水面搜索雷达。为了节省成本，该舰沿用了西班牙海军"阿尔瓦罗·巴赞"级护卫舰的部分装备，包括战场管理系统、通信装备以及电战装备等。

"胡安·卡洛斯一世"号战略投送舰的雷达天线

舰载飞机

由于西班牙海军现役的AV-8B攻击机的机龄已经偏高，西班牙未来将购买美国的F-35战斗机取而代之，所以"胡安·卡洛斯一世"号战略投送舰的甲板起降设施的规格与强度是配合F-35B战斗机而设计。为了操作垂直起降机种，该舰的飞行甲板经过强化以承受较大的重量以及喷射热流，甲板前端也装有一段上翘13度的"滑跃"甲板。

"胡安·卡洛斯一世"号战略投送舰的飞行甲板规划有8个直升机起降点（左侧6个，舰岛前后各1个），左侧有4个起降点能操作CH-47等级的重型直升机，而其中一个起降点的长度还足以操作1架美国V-22倾转旋翼机。因此，"胡安·卡洛斯一世"号战略投送舰能同时操作4架CH-47等级的重型直升机或6架NH-90 /SH-3等级的中型直升机。

"胡安·卡洛斯一世"号战略投送舰升降机上的 AV-8B 攻击机

十秒速识

　　"胡安·卡洛斯一世"号战略投送舰拥有全通式飞行甲板和上翘13度的"滑跃"甲板，岛式上层建筑位于右舷，舰尾设有坞舱。

"胡安·卡洛斯一世"号战略投送舰尾部视角

日本"日向"级直升机护卫舰

"日向"（Hyūga）级直升机护卫舰是日本海上自卫队装备的大型直通甲板直升机护卫舰，共建造了2艘，2009年开始服役。

研发历史

为了取代20世纪70年代建造的2艘"榛名"级直升机护卫舰，日本防卫省在2000年提出的"2001—2005年度中期防卫力整建计划"中，首度提出建造新一代的直升机护卫舰，即"日向"级直升机护卫舰。2006年5月，首舰由石川岛播磨重工业横滨造船厂开工建造，2007年8月下水，2009

基本参数	
满载排水量	19000 吨
全长	197 米
全宽	33 米
吃水	7 米
最高航速	30 节
最大航程	6000 海里
舰员人数	360 人

年3月服役，命名为"日向"号，这是日本海上自卫队成立以来第一次恢复古国名的命名规则。二号舰于2008年5月开工建造，2009年8月下水，于2011年3月在吴港服役，命名为"伊势"号。

　　"日向"级直升机护卫舰拥有与他国海军直升机航空母舰乃至轻型航空母舰接近的舰体构造、功能与吨位。在后续的"出云"级直升机护卫舰服役之前，"日向"级直升机护卫舰一度是日本在二战结束后建造的排水量最大的军舰。

"日向"级直升机护卫舰（下）与美国"尼米兹"级航空母舰（上）

舰体构造

　　"日向"级直升机护卫舰的舰体总共分为7层甲板，舰体前段设有下甲板机库，长125米，挑高占2层甲板，并由一道防火门划分为第一、第二机库；机库后方是航空机维修甲板，挑高占3层甲板；前段与后段舰体中轴线上，各有1座直升机升降机。飞行甲板下方的第二甲板是综合功能区，设置了船舰战情控制中心、军官生活起居空间与医疗设施，此外还有一处多用途规划区，可用来容纳舰队司令部的人员，或设置舰队作战中心，也可在人道救灾、撤侨等作业中用来收容难民。

"日向"级直升机护卫舰右舷视角

"日向"级直升机护卫舰侧后方视角

自卫武器

　　"日向"级直升机护卫舰装有2座八联装Mk 41导弹垂直发射系统，可发射"海麻雀"防空导弹和"阿斯洛克"反潜导弹。其他武器还有2座三联装324毫米鱼雷发射管、2座Mk 15"密集阵"近程防御武器系统和7挺12.7毫米高射机枪等。

"日向"级直升机护卫舰的 Mk 15"密集阵"近程防御武器系统

电子设备

　　"日向"级直升机护卫舰配备先进的卫星通信与资料链网络系统，包含一般大气内的Link-11/14/16数据链，以及通过卫星通信传输的海上指挥管制系统（MOF）和配套的USC-42卫星通信天线与Superbird B2宽频卫星通信系统等，以实现与美军相同的三军联合作战能力，此外也配备全球指挥管制海事系统（GCCS-M）。

　　"日向"级直升机护卫舰装有OPS-20C对海搜索雷达，采用低截获率技术，大幅降低被敌方电子支援装置截收的概率。除了对海搜索外，OPS-20C雷达也有导航功能。该级舰拥有先进完善的指管通情系统，除了指挥本身护卫群所属的反潜直升机与反潜艇艇外，也能指挥P-3C以及新一代P-1反潜巡逻机协同进行反潜作战。

"日向"级直升机护卫舰的岛式上层建筑

舰载飞机

　　"日向"级直升机护卫舰采用全通式甲板设计，可以起降直升机或垂直起降飞机，具有一定的轻型航空母舰特征。不过，"日向"级直升机护卫舰暂时没有安装"滑跃"甲板或弹射装置以起降普通固定翼飞机。该级舰可容纳16架舰载直升机，包括

"日向"级直升机护卫舰及其搭载的 SH-60 反潜直升机

SH-60反潜直升机、MCH-101扫雷/运输直升机等。

十秒速识

　　为了降低雷达截面积，"日向"级直升机护卫舰采用倾斜的上层结构设计、封闭式轻型合金桅杆以及较为简洁的舰体轮廓外形。

美国海军补给舰（左）为"日向"级直升机护卫舰（右）补给

 # 日本"出云"级直升机护卫舰

"出云"（Izumo）级是日本海上自卫队装备的新一代直升机护卫舰，从吨位、布局到功能都已完全符合现代轻型航空母舰的特征。该级舰一共建造了2艘，2015年3月开始服役。

基本参数	
满载排水量	27000 吨
全长	248 米
全宽	38 米
吃水	7.5 米
最高航速	30 节
最大航程	6000 海里
舰员人数	470 人

研发历史

2010年，日本政府正式批准了下一代"直升机护卫舰"预算，根据日本对服役前军舰的称呼惯例，该舰以平成纪年法而被暂命名为"22DDH"。2013年8月6日，首舰"出云"号在日本横滨举行下水典礼，2015年3月正式服役。2015年8月27日，二号舰"加贺"号也于日本横滨举行下水典礼，2017年3月正式服役。

"出云"级虽然仍旧保持"直升机护卫舰"的定位，但其尺寸和排水量已超过了日本二战时期的部分正规航空母舰，也超过了意大利、泰国等国现役的轻型航空母舰。

"出云"级直升机护卫舰俯视图

▌▌▌★ ➤　舰体构造

　　"出云"级直升机护卫舰除了舰体规模较"日向"级直升机护卫舰更庞大外，还拥有后者所不具备的两栖部队运输能力和海上补给能力，舷侧设有两栖部队滚装舱门，舰尾设有燃料纵向补给设施，多任务能力有较大提升。为了适应舰体尺寸的增加，"出云"级的4台LM2500燃气轮机的推力比"日向"级有所提升，单机功率可达24710千瓦。

"出云"级直升机护卫舰侧前方视角

　　与"日向"级相比，"出云"级的升降机布置有所变更，前部升降机仍位于上层结构前端左侧，面积与"日向"级上较大的后部升降机相当；而"出云"级的后部升降机则移至舰岛后方右舷，面积

"出云"级直升机护卫舰侧后方视角

更大且为舷外形式，足以操作更大型的舰载机。加上飞行甲板前部左侧取消了"日向"级的内削构型，增大可用面积，飞行甲板长度可让F-35B不靠"滑跃"式甲板进行短距起飞。

自卫武器

　　由于日本希望"出云"级的预算能控制在只比"日向"级增加11%，但"出云"级排水量却比"日向"级增加40%左右，因此"出云"级的作战装备经过简化，以降低成本。与"日向"级相比，"出云"级的自卫武器与侦察搜索能力都被弱化。"出云"级取消了Mk 41垂直发射系统（即取消了"海麻雀"防空导弹和"阿斯洛克"反潜导弹）与324毫米鱼雷发射管，但加装了2座"海拉姆"短程防空导弹系统。

"出云"级直升机护卫舰的 Mk 15 "密集阵"近程防御武器系统

电子设备

　　"出云"级配备了OPS-50对空搜索雷达、OPS-28对海搜索雷达和OQQ-23声呐等侦搜设备，并拥有完善的指挥设施，包括日本构建的"海幕"卫星数据传输/指挥系统以及多种与海上自卫队、美军兼容的数字数据传输和通信系统，除了本舰的战情中心（CIC）之外，还有旗舰司令部作战中心

（FIC），而多功能舱室可作为统合任务部队司令部，可容纳100名幕僚人员。

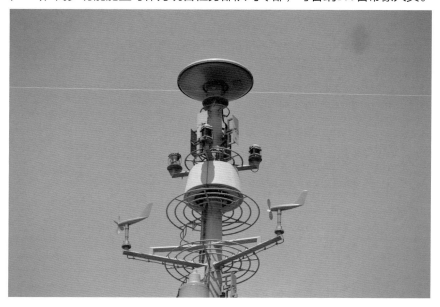

"出云"级直升机护卫舰的雷达天线

舰载飞机

　　"出云"级直升机护卫舰最多可容纳28架直升机，同时起降操作5架直升机。该级舰主要搭载SH-60K"海鹰"反潜直升机，作为日本海上自卫队远洋反潜作战编队的旗舰，加入现役的"十·九"舰队后，可将反潜战斗力提升一倍，覆盖的海域也随之增加数倍。此外，也可搭载MCH-101扫雷/运输直升机。

⫸ 十秒速识

　　"出云"级直升机护卫舰是"日向"级直升机护卫舰的放大改良版，仍沿用全通式飞行甲板、右舷舰岛等类航空母舰布局。

低速航行的"出云"级直升机护卫舰